八尋舜右ほか

人物日本剣豪伝 五

JN263145

目次

人物日本剣豪伝〈五〉

序　時代思想と剣豪たち

八尋舜右

嘉永六年（一八五三）初夏、ペリー艦隊が浦賀に来航したおり、それからわずか十五年後に幕府が倒れ維新政府が誕生すると、いったいだれが予想しえただろう。

維新劇の立役者の一人坂本龍馬は、このとき十九歳だった。江戸は千葉周作の弟定吉の道場で剣術修業をしていたが、まったくのノンポリ青年で、北辰一刀流の免許をえたら郷里の高知城下に帰り、町道場でも開こうかとのんびりかまえていた。それが、おりしも江戸湾に現れた巨大な黒船を目撃するにおよんで興奮おさえがたく、

「異国との戦《いくさ》になったら、敵兵の首をとって帰国します」

と、父あての手紙に書いた。幕末の志士中、もっとも先見の眼をもっていたとされる龍馬にして、まずはこのていどの認識でしかなかった。

それからの十五年間は、まさしく疾風怒濤の時代展開となり、日本史上まれにみる劇的

空間を現出した。なにしろ二百数十年来、この国を支配してきた徳川幕府が音立てて瓦解《がかい》したのだ。封建体制の矛盾が覆いようもなく露《あらわ》になっていたところに、西欧列強の外圧が加わったからたまらない。時代転換の力学にてらして、やはり動乱は起こるべくして起こり、幕府は倒れるべくしてたおれたといってよい。そのなかを手さぐりで模索しながら、龍馬は維新回天劇の主人公の一人に成長していったのだった。

幕末は、戦国末いらい久しく停滞してきた剣術の復興期といわれ、あまたの名人・達人といわれる剣客を輩出したが、むろん、その隆盛はこの時代背景と無縁ではなかった。剣客の一人ひとりに、いかほどの時代認識があったかは軽々には論じられない。が、意識するとしないにかかわらず、奔騰《ほんとう》する時代の潮流に、いやおうなしに巻きこまれずにはおられなかった。政治イデオロギーのもとに、あまたの剣豪・剣客が敵味方にわかれ、たがいに血をながしあった時代は、この幕末期をおいてほかには例をみない。

尊王佐幕、開国攘夷——日本史上にはめずらしく相対的な価値観、対立する思想が激しくせめぎあい、血で血を洗う争闘が展開された。天誅《てんちゅう》を合言葉に暗殺をくりかえした尊攘浪士、その報復・弾圧に守旧の剣を振るった新撰組・見廻組など佐幕派の剣士たち……。『日本剣道史』のなかで山田次朗吉は「直心影流は官党、北辰一刀流、無念流は野党、伊《い》庭《ば》の心形《しんぎょう》刀流は官党組、桃井《もものい》の鏡智流は野党組」と書いている。つまり、幕末の剣術の主な流派は当主が幕臣であるか、非幕臣であるかによって、おのずからあつまる門人も尊王、佐幕にわかれる傾向がみられたという興味ある指摘である。

天保以降、慶応にいたる三十数年のあいだ、江戸の三大道場とうたわれたのは、千葉周作の開いた北辰一刀流の玄武《げんぶ》館、神道無念流斎藤弥九郎の練兵《れんぺい》館、鏡心明智《きょうしんめいち》流桃井春蔵《もものいしゅんぞう》の士学館だった。これに心形刀流の伊庭道場を加えて四大道場ともよばれ、ほかに幕末の剣聖として名高い男谷《おだに》精一郎の直心影流の道場なども人気があった。

北辰一刀流は、千葉周作が尊王派の巨魁《きょかい》徳川斉昭に気に入られて水戸藩の剣術師範に招聘《しょうへい》されたこともあり、たしかに尊王派の志士が多くあつまった。清河《きよかわ》八郎、有村治左《ありむらじざ》衛門《えもん》、坂本龍馬ほか、一時は佐幕集団の新撰組に入ったが後に脱退して尊王運動にはしった伊東甲子太郎《かしたろう》、山南《やまなみ》敬助、藤堂平助らがそうだ。

神道無念流の斎藤弥九郎は広い視野をもった剣客で尊攘的心情を抱いていた。周作とおなじく斉昭から目をかけられ、藩の師範に招かれたが、固辞して同門の金子武四郎を推薦した。この金子の門下から、薩摩脱藩士の有村治左衛門と桜田門外に井伊大老を暗殺した水戸の浪士関鉄之助、黒沢忠三郎らがでている。また倒幕運動の中心となった桂小五郎、高杉晋作、品川弥二郎、赤根武人、山尾庸三、太田市之進ら長州藩士の数も多い。

これについては、ちょっとした因縁がある。嘉永元年（一八四八）春、弥九郎の長男新太郎が流派の宣伝を兼ねて諸国武者修行の途次、萩城下を訪れて藩の道場明倫館《めいりんかん》で試合した。このとき試合にでた藩士のうち、だれ一人まともに立ち合える者がなかったので、

「道場はりっぱだが、ろくな剣士はいない」

と新太郎に同行していた門弟の一人が嘲《あざけ》った。

これを伝えきいた来島《きじま》又兵衛ら血の気の多い藩士十数名ほどが江戸に馳せのぼって練兵館におしかけた。このとき、あいてをした弱冠十六歳ながら〝鬼歓〟の異名をもつ弥九郎の三男歓之助《かんのすけ》に、又兵衛以下、腕自慢の長州藩士は完膚なきまでにうち負かされた。長州藩はこれを奇貨として新太郎を藩の師範に迎え、藩士を選抜して練兵館に送りこんだ。桂小五郎もそのなかの一人で、やがて練兵館の塾頭にまで出世する。弥九郎の同門には斉昭のブレーン藤田東湖《とうこ》、蘭学の先駆者で田原藩家老の渡辺崋山《かざん》、開明派の代官江川太郎左衛門など、錚々《そうそう》たる時代のリーダーが顔をそろえていた。諸藩の志士にとって江戸の有名道場は、単に剣術修行だけでなく最新の情報収集や現実政治の学習の場でもあったのだ。それにしても二十歳そこそこの町道場の倅《せがれ》一人に三十六万石の毛利家中の剣士がまったく歯が立たなかったというのだから、当時、江戸の町道場と諸藩の城勤め侍の剣法とのあいだには、かなり技量の差があったとみえる。

「なんとも耐えがたい。こんなことで、異敵から殿さんを守れるか」

そのころ、まだ十代半ばだった高杉晋作は切歯扼腕《せっしやくわん》したとつたえられるが、これを機に発奮して文武に精進し、倒幕運動の核弾頭となった。

鏡心明智流の桃井春蔵（直雄）門下には、龍馬の兄貴分で土佐勤王党主の武市《たけち》半平太がいた。士学館は土佐藩邸から近く、藩師範の麻田勘七《かんしち》が桃井門下だった縁で武市が入門し、すぐに塾頭に抜擢されたこともあり、多くの土佐藩士が後につづいた。〃人斬り以蔵《いぞう》〃の名で恐れられた岡田以蔵もその一人である。

官党とされた直心影流は当主が幕臣の男谷精一郎だけに、さすがに佐幕色が濃い。門下には島田虎之助、榊原鍵吉《さかきばらけんきち》、三橋《みつはし》虎蔵、天野将曹《しょうそう》らがおり、虎之助の弟子には勝海舟、鍵吉の弟子には榎本武揚《たけあき》、それに龍馬を斬ったとされる今井信郎がいる。彰義隊副長の天野八郎は将曹の養子だった。ちなみに『日本剣道史』の著者山田次朗吉も榊原門下である。

心形刀流の伊庭道場も父子で幕府設立の講武所教授・師範をつとめ、門弟には直参の子弟が多かった。八郎秀穎《ひでさと》は蝦夷地にわたり最後まで幕臣としての生き方をつらぬいている。

この巻に収録された七人の剣客を、山田次朗吉流に整理すると、無念流の山岡鉄舟《てっしゅう》、直心影流の榊原鍵吉、心形刀流の伊庭八郎、精武流を究《きわ》め小太刀の名手だった佐々木唯三《たださぶ》郎《ろう》、天然理心流の近藤勇の五人は官党の佐幕派に属し、北辰一刀流の坂本龍馬は野党の倒幕派。五尺余の長竹刀で江戸の有名剣客を総なめにしたことで知られる柳川藩士・大石神影流の大石進は政治的には無色ということになる。

とまれ、幕末にこれら多士済々の剣客が頭をそろえたうらには、剣術人口の増加がある。江戸の四大道場は、それぞれ門弟三千人と称したが、あながち誇張とばかりもいえず、もっとも人気のあった玄武館などは一万人ちかい門人がいたとおもわれる。天保のころにはすでに五百をこえる流派があったというから、これら有名道場の背後に存在した町道場と、その門人の数は推して知るべしであろう。

これほどまでに剣術が盛んになったのは、異国船の来航で危機意識をもった幕府が講武所の設置にみられるとおり、躍起となって武術を奨励し、諸藩もまた武道館をもうけて武術修行を督励したことが大きい。それに、幕末期になると幕藩体制はほころび、身分階級のしめつけもゆるんで、それまで文武政策の埒外《らちがい》におかれていた下級武士をはじめ、実力をつけた豪商や豪農以下の、いわゆる〝草莽《そうもう》の士〟の意識改革が進んだ。なにかをせずにはおれぬという、かれらのエネルギーは、おのずから武士階級に伍して文武の習得にむかう。現に、道場主にも非武士階級の者が多く、斎藤弥九郎は越中の農家の出であり、師の岡田十松《じゆうまつ》も武州の郷士出身だった。千葉周作は松戸の医者の息子で、その師匠の浅利《あさり》又七郎は浅蜊売りだったし、天然理心流の試衛館を継いだ近藤勇は、武州多摩郡の裕福な百姓出身であった。

すでに戦国期のような真剣や木刀による生きるか死ぬかの緊迫した立ち合いはなくなり、竹刀による試合が主流となって久しい。非武士階級出の道場主は、旧来の堅苦しい武術伝授のやり方をすて、稽古法や道具の簡略化をさらに進めて大衆化をはかった。大衆化自体はわるくないが、安全な防具に身をつつみ、竹刀でたたきあって小手先の技を競う道場剣法は、しょせん実戦には役立たない。井伊大老を襲撃した水戸浪士の生き残りは、

「実戦にあたって、われらが日頃道場で鍛練した技は、まったく出すことができなかった。突きはおろか小手技さえ出なかった。ひたすら左右の袈裟《けさ》を斬りこむのみで、他の技はまったく用いる余裕がないままに終った」

と述懐している。

さはあれ、現代からわずか百三、四十年まえに生きた幕末の剣客の感情や行動は現代人にちかく、史料も多く残っているから、とかく神秘的に、あるいはアクロバチックに描かれがちだった剣の世界を、きわめてリアルで親密な存在に感じさせ、剣客個々のドラマはつよい人間臭をただよわせている。いずれの時代も剣が現世の出世、栄耀《えいよう》をかちとったケースは稀だが、ことに幕末のばあいは、身を挺《てい》して時代の閉塞を切りひらこうとした剣客の多くが新時代の到来をまえに横死し、生き残った者を待っていたのも失意の日々でしかなかった。とりわけ佐幕派の剣士たちは薩長土肥の志士たちが新政府の顕官に成り上がるなか、ほとんどが職を失い、あまつさえ明治九年の廃刀令の追い打ちをくらった。大警部の辞令をこばんで剣一筋の道をつらぬこうとした榊原健吉、禅境に活路をもとめた山岡鉄舟らの心事が、あらためて胸にせまる。

日本剣史五百年の歴史を閲すれば、剣客にとって〝一国一城の望み〟は所詮かなわぬ夢であり、剣の世界は現世の権謀利欲の外にあってこそ、本来の光芒を放つものといわざるをえない。

剣術不用の新時代をまえに、散り急ぐ桜花のごとく最後の一瞬の輝きを競いあった幕末の剣豪・剣客の一人ひとりの生の軌跡をみつめるとき、一抹の寂寥を感じずにはおれないが、だからこそ「剣豪伝」は現世の鬱懐《うっかい》をはらす〝清涼剤〟として、いまに読みつがれているといえなくもない。

剣豪とその時代——幕末・明治編

尾崎秀樹

剣から『万国公法』へ

土佐勤王党の一人、檜垣清治と坂本龍馬の有名なやりとりがある。すぐれた剣の遣《つか》い手だった檜垣は、その頃、剣客《けんかく》の間で流行していた長刀を腰に佩《お》びて大道を闊歩《かっぽ》していた。そこにたまたま龍馬が通りかかり、檜垣の長刀に眼をとめて「大きいだけでは実戦の役にたたない、むしろ短い刀こそ敏捷《びんしょう》に立ち働くことができる」といい、自分の差していた短目の刀をしめした。

檜垣も剣客だけあって、龍馬の説をなるほどと思い、早速長刀をやめて短い刀と取り替えた。その後しばらく日をおいて、またまた路上で龍馬と会った檜垣は、腰の短い刀を示し、「貴公の説に従った」といったところ、龍馬は笑って答えず、無造作にピストルを懐《ふところ》から取り出し、空へ向かって一発ぶっ放した。

さらに数か月経て、龍馬に出会うと、今度は一冊の本（『万国公法』）を示し、「これからの日本は剣や銃だけではだめだ」と答えたというのである。

この話は千頭清臣《ちかみきよおみ》の『坂本龍馬』（博文館刊）に紹介されている。

もっとも平尾道雄によると、檜垣清治はその頃、藩の獄舎につながれていて、龍馬と出会う可能性はゼロだということだ。しかし話としては良くできている。出来すぎているといえそうだ。天馬空を行くような龍馬のことである。一時代も二時代も先を読んで行動する龍馬なら、檜垣清治にこのくらいのことは言ってやりこめたかもしれない。

龍馬が日根野弁治について小栗流剣術を学ぶのは、十四歳のときである。五年の修行の後、『小栗流和兵法事目録』一巻を授けられ、やがて剣術修行のため十五か月の暇《いとま》を得て江戸へ出、京橋桶町の千葉定吉門へ入る。この修行が満期となっていったん帰国するが、そこで日根野道場から小栗流の『兵法十二箇条』『二十五箇条』各一巻を授かっており、兵法の道にいそしんでいたことがわかる。つづいて二十二歳のときに江戸に再遊するが、このときも名目は剣術修行だ。そして二十四歳で「北辰一刀流兵法」を伝授されている。

だが、龍馬は兵法修行を立てまえとはしたものの、それにとどまらず、第一次遊学の際にも佐久間《さくま》象山《しょうざん》の門を訪ねているし、いったん帰国の折には河田《かわた》小龍《しょうりょう》に接して、広く世界に眼を開かれる。そのためか万延《まんえん》元年（一八六〇）七月に武市《たけち》半《はん》平太《ぺいた》（瑞山《ずいざん》）が、門下の久松喜代馬や岡田以蔵《いぞう》を伴って中国、九州各地の剣術遊歴に旅立ったとき、「もはや武者修行でもあるまいに……」と洩らしたという。もっとも武市のねらいは各国の事情の視察にあり、剣術修行は表向きにすぎなかった。龍馬はそこまで見抜けなかったわけだが、当時、彼はすでに土佐藩の砲術家・徳弘孝蔵について洋式砲術を学んでおり、急速に時世を見る眼を養いはじめる。それにしても、剣術修行は各地を巡遊したり、江戸へ遊学するのに格好な名分《めいぶん》とされていたのだ。

土佐勤王党に加盟し、武市半平太の使いで長州萩に久坂玄瑞《くさかげんずい》を訪ねたとき、龍馬は余暇を見て明倫館文武修行館で三本試合を行い、負けている。「自分が弱いから」と謙遜しているが、すでに剣による個々の勝負には未練がなかったのかもしれない。

それにしても同じ年の秋に千葉重太郎とともに勝海舟を訪問したときには、まかりまちがえば剣による処断をも考えていたというから時世は錯綜している。勝海舟も「本当に修業したのは、剣術ばかり」というだけあって、なかなかのものだ。もともと父の小吉は男谷《おだに》家の出であり、男谷信友と勝海舟は従兄弟どうしに当っていた。

「全体、おれの家が剣術の家筋だから、おれのおやじも、骨折って修業させようと思って、当時剣術の指南をしていた島田虎之助(見山)という人につけた。この人は世間なみの撃剣家とは違うところがあって、始終、『今どきみながやりおる剣術は、型ばかりだ。せっかくのことに、足下《あなた》は真正《ほんとう》の剣術をやりなさい』といっていた。／それからは島田の塾へ寄宿して、自分で薪水《しんすい》の労を取って修業した。寒中になると、島田の指図に従うて、毎日けいこがすむと、夕方から稽古衣一枚で、王子権現にいって夜稽古をした。いつもまず拝殿の礎石に腰かけて、瞑目沈思、心胆を練磨し、しかる後、立って木剣を振りまわし、更にまた立って元の礎石をかけて心胆を錬磨し、また立って木剣を振りまわし、こういうふうに夜明けまで五、六回もやって、それから帰ってすぐに朝げいこをやり、夕方になると、また王子権現へ出かけて、一日も怠らなかった」（『氷川清話《ひかわせいわ》』）

　はじめのうちは夜更《よふ》けに一人で境内に立つと何となく心が臆して、吹く風の音までがおそろしく聞こえ、身の毛がよだつ思いだったが、修行を重ねるにつれて次第になれ、後になるとかえって静寂の中に趣を感じるようになったという。島田虎之助は男谷信友の亀沢町の道場で師範代をつとめており、海舟は男谷のすすめもあって島田について剣を学んだ。起倒流柔術の鈴木清兵衛門では相弟子であった。

「かの島田という先生が、剣術の奥意を極めるには、まず禅学を始めよとすすめた。それで、たしか十九か二十のときであった。牛島の弘福寺《ぐふくじ》という寺にいって禅学を始めた。（略）

　こうしてほとんど四か年間、真面目に修業した。この坐禅と剣術とがおれの土台となって後年大層ためになった。瓦解の時分、万死の境を出入して、ついに一生を全うしたのは、全くこの二つの功であった」（『氷川清話』）

　龍馬は長刀から短い刀、そしてピストルから『万国公法』へと脱皮してゆき、剣をこえ、藩意識をこえ、国意識をこえて世界に雄飛する夢を抱くまでに至るが、それより一足早く、海舟はその境地を拓いており、ある意味では龍馬は海舟の最高の弟子だったともいえるのだ。

〝人斬り〟横行

幕末激動の時代には、尊攘激派による〝天誅《てんちゅう》〟、佐幕派の反撃など、血なまぐさい暗殺が相次いだ。剣は理窟でなく実践の刃とされたのである。

そのきっかけをつくったのは井伊大老による安政の大獄だ。そのリアクションとして水戸藩浪士を中心とした桜田門外の変が万延元年（一八六〇）、桃の節句におこり、それを導火線としてテロリズムの時代がはじまる。

井伊大老襲撃に加わったたった一人の薩摩藩士・有村次左衛門は示現《じげん》流免許の達人だった。つづいて文久二年（一八六二）一月十五日には、老中安藤信正《のぶまさ》が坂下門外で襲われる。その中心的存在だった児島強介は商家の出身だが、藤田東湖《とうこ》に私《し》淑《しゅく》し、水戸の剣客金子武四郎に剣を学んだ人だったし、水戸藩士の平山兵介は一刀流の達人といわれ、越後十日町市出身の河本貫之進も伊庭軍兵衛の流れを汲んでいた。

文久二年に入ると、京洛の巷《ちまた》に暗殺剣が閃《ひらめ》くようになる。その第一波は文久二年七月二十日の島田左近襲撃だ。〝人斬り〟と異名をとる田中新兵衛が、薩摩藩の鵜木孫兵衛、志々目献吉と組んで公武合体派の公卿、九条関白家の家士を襲った事件である。新兵衛の出自は明らかでないが、豪商森山新蔵の庇護を受けて薩摩藩士となった示現流の達人だ。文久三年（一八六三）五月に姉小路公知《あねがこうじきんとも》暗殺の下手人とみなされ、京都西町奉行永井尚志《なおゆき》の取調べをうけたが黙秘を通し、最後には自刃して果てた。

文久二年閏《うるう》八月には、越後浪士本間精一郎が岡田以蔵に木屋町筋の路地で倒され、つづいて宇郷玄蕃頭が血祭に挙げられる。以蔵も〝人斬り〟に数えられた人物だが、武市半平太に見出され、さらに鏡新明智流《きようしんめいち》の桃井《ものい》道場へ学んで腕にみがきをかけただけでなく、瑞山《ずいざん》武市半平太の西国遊説に同行して行く先々で武芸の修行にはげんだ。

以蔵は瑞山に心酔し、その意を体して暗殺行にも疑いを抱かずに突進した。田中新兵衛は海舟に説諭されて開国論に転じたのを尊攘激派に憎まれ、故意にワナにはめられたという説もあるが、新兵衛にしろ以蔵にしろ、考えることはボスにゆだねて、その指示のままに動く虚しさが感じられるのは否定できない。

その点では同じ〝人斬り〟と異名をとった幕末の剣客でも河上彦斎《かわかみげんさい》や中村半次郎

は異なっていた。

文久二年閏八月には、島田左近の手足となって活躍した目明し文吉が四条河原でさらされた。このときも人斬り以蔵が関与している。他に阿部多司馬、清岡治之助らも関係している。さらに十二月には国学者塙《はなわ》次郎（保己一《ほきいち》の四男）が麹町《こうじまち》三番町で殺されたが犯人は不明のままだ。長州派だという説が強く、伊藤俊輔《しゅんすけ》（博文《ひろぶみ》）もその一人と見なされたが、確証はない。またこの同じ月には横井《よこい》小楠《しょうなん》の暗殺未遂事件も江戸檜物町（現中央区八重州）の旅館でおこっている。

元治元年（一八六四）七月十一日、京都木屋町《きやまち》で佐久間象山を暗殺したのは、河上彦斎だとされている。祇園《ぎおん》社前に建てた斬奸《ざんかん》状には——

信濃松代藩　佐久間修理

此者元来西洋学を唱へ交易開港之説を主張し、枢機《すうき》の方々へ立入り御国定を誤り候大罪難捨置候処、剰《あまつさ》へ奸賊会津、彦根の二藩に与同し、中川宮と事を謀《はか》り、恐れ多くも九重《ここのえ》御動坐彦根城へ奉移候儀を企て、昨今頻《しき》りに某機会を奉窺候、大逆無道不可容天地国賊に付、即今日於三条木屋町加天誅　畢《おわんぬ》

と記されていた。

河上は国学者林桜園《おうえん》に師事し、轟武兵衛、堤松左衛門らと肥後勤王党を結成した志士であった。もともとはお坊主衆の一人だったが、尊攘激派が台頭してきた頃に

は蓄髪を許されて上洛し、七卿落ちに際して長州に潜《ひそ》み、禁門の変には長州藩兵とともに再度京へ上っている。その開戦直後に突発したのが象山の暗殺事件だ。

彦斎が朋輩数名と酒楼で酒を飲んでいた折、一人の男がしきりに幕吏の専横を訴えた。彦斎は傍らにあって黙々と盃を明けていたが、何を思ったのか突然立ち上り、何処にともなく姿を消した。どこへ行ったものかと仲間の者たちが噂し合っているうちに彦斎が再び現われた。みると血のしたたる首級を着物の袖にくるんで持っている。

「どうしたんだ」と訊ねると、

「今話に出た横暴な幕吏というのが、きゃつだ。邦家《ほうか》のために彦斎みずから天誅を加えた。これを酒の肴として、さらに盃を乾そうではないか」

といって莞爾《かんじ》として表情を柔らげたという。

河上彦斎は人を斬る際に、右脚を前にしてこれを少し折り、左脚を後方に伸ばして、その膝を地面に触れるばかりにし、右手薙《な》ぎに相手を斬ったと伝えられる。おそらく何度か修羅場をくぐった体験から割り出された構えであろう。

人を斬るのは、あたかも木偶《でく》人形を斬るように何の抵抗も感じなかったが、佐久間象山を手がけたときは、はじめて人を斬ったという実感を抱いたという。さすがの彦斎もこのときには髪が逆立つのを覚え、自分の命脈もこれでおわりかと不安におそわれた。佐久間象山に威圧されるとともに、一個人間とは何か——についてさとらされたのであろう。以来、彼は〝人斬り〟の剣を棄て、国事に専念する。しかし明治四年（一八七一）には大楽源太郎《だいらくげんたろう》（長州藩士、脱隊騒動の首謀者）を匿《かくま》ったことを罪に問われて刑死している。

将軍家茂《いえもち》の上洛に際し、海路大坂から京へのぼった勝海舟が寺町通りで三人の尊攘派に襲われたことがある。ちょうど岡田以蔵が身辺の警護に当っていて、すかさず長刀を抜き合わせ、一人の壮士を倒し、「弱虫ども何をする！」と大喝したので、残りの者は逃げさってしまった。

海舟はその折の危難を回想し、次のように物語っている。

「後日、おれは岡田に向って、『君は人を殺すことをたしなんではいけない。先日のような挙動《ふるまい》は改めたがよかろう』と忠告したら、『先生、それでもあのとき私がいなかったら先生の首は既に飛んでしまっていましょう』といったが、これにはおれも一言もなかったよ」（『氷川清話』）

岡田以蔵はついに〝人斬り〟のまま死んでいったのである。

「新選組」の剣

〝天誅〟の嵐が京洛の巷に吹き荒れたのにつづいて、取締り側の弾圧も強化され、それがますます時代の状況を激化させてゆく。その皮切りは清河《きよかわ》八郎暗殺だ。浪士組を率《ひき》いて上洛した清河は、旗幟《きし》を鮮明にして隊を二分した挙句、東帰して攘夷決行の準備にかかった。わざわざ京までのぼってふたたび江戸へ戻るなど、随分手間をかけたようにも受け取れるが、この往復は清河なりに目算あってのことであり、むしろ往来の間に尊皇攘夷を選択するのが目的だったのかもしれない。

文久三年四月に山岡鉄舟《てっしゅう》邸にいる清河のもとへ上山藩の金子与三郎から招待の文がとどき、麻布《あざぶ》の同邸まで出向き、したたかに酒を飲んだ帰途、一ノ橋まで来たところで浪士組取締の佐々木唯《ただ》(只)三郎《さぶろう》ら六名の刺客に襲われて絶命した。三十三歳である。清河は文字どおり〝草莽《そうもう》の臣〟で、早くから国事に奔走し、同志糾合のために東奔西走した。武術は千葉道場に学び、一時期、神田お玉ヶ池に、「文武指南所」を開いていたこともあった。〝文〟と〝武〟を一道に併《あわ》せる発想は、清河八郎の新案でもあった。

一方、佐々木唯三郎は、講武所の剣術師範をつとめたことのある人物で、浪士組の東帰に際し、速見又四郎、高久保次郎らとともに取締出役となった。清河が浪士組を幕府からの独立組織に改組しようとする企てを、老中の板倉勝静《かつきよ》の密命で未然に制圧したともいわれる。この佐々木唯三郎が京都見廻組《みまわりぐみ》の隊長となり、新選組とともに京都市中の警備にあたるのは元治元年四月からだ。

一方、浪士組の京都残留派は、新選組を結成し、会津守護職直属のパトロール部隊となるが、その実力がフルに発揮されるのは、芹沢鴨《せりざわかも》一派を排除し、天然理心流の試衛館《しえいかん》グループで結束を固めてからである。

新選組は、八・一八政変で御所の警備に出動したり、禁門の変で銭取橋の守備に当り、山崎天王山での真木和泉《まきいずみ》追捕《ついぶ》にも出陣するが、その存在がクローズアップされるのは、池田屋騒動での活躍である。以後、鳥羽《とば》・伏見《ふしみ》の戦いで敗残の譜を刻むまで、激闘の日々を重ねている。

天然理心流は、相州・武州の中・富農層を地盤とし、その次男、三男などによって支えられていた。江戸に道場はあったが、主軸は多摩地方の中農、富農たちがこしらえた道場であり、それを巡回しながら門弟の養成にあたった。その中核をなした近藤勇《こんどういさみ》、土方歳三《ひじかたとしぞう》、沖田総司《おきたそうし》らが抜群に強かったこともあるが、もともと天然理心流の魅力は実践に鍛えられて、磨きのかかったところにあり、新選組の行動力もまたそこに秘められていた。

最初に排除された芹沢鴨も、神道無念流のれっきとした剣客だ。それが寝込みを襲われたとはいえ、相手に擦《か》き傷一つあたえず絶息している。また高台寺党《こうだいじとう》の総帥であった伊東甲子太郎《かしたろう》も、深川佐賀町で北辰一刀流の道場を開いていた伊東誠一郎の跡目を相続したほどの剣客である。近藤の招きに応じて近藤の妾宅まで一人で出向いたことが、土台スキありといえるが、近藤一派は相手を倒すとなると手段をえらばず、死に追いこんでいる。

芹沢や伊東が強かったから、不意を衝《つ》き、寝込みをも襲ったという解釈も成り立つ。運不運もあるかもしれない。しかし新選組の実力は、個々の剣技の冴えにあわせて、豊富な戦闘の体験と、チーム・ワークの良さにあったのではないだろうか。必殺の剣はかならずといってよいほど、先制攻撃をかけたものであり、池田屋事件の大捷《たいしょう》も、一にこの機先を制した攻撃にかかっていた。

それにしても新選組には、戦闘場裡をかいくぐってきたすぐれた剣客がそろっていた。戦闘集団としては抜群だ。近藤、土方、沖田はもちろん、副長助勤《じょきん》、三番隊長などをつとめた斎藤一《はじめ》、剣を心形刀流の坪内主馬に学んだ軍監の島田魁《かい》、副長助勤・七番隊隊長をつとめた直心流の剣客谷三十郎、その弟で大坂松屋町に道場を開いていた万太郎、副長助勤で二番隊隊長をつとめた神道無念流、岡田十松門下の永倉新八《ながくらしんぱち》、発足当時局長をつとめた同門の新見錦《にいみにしき》、一刀流の天野静一郎に学んだ稗田利八《ひえだりはち》、北辰一刀流の山南敬助《やまなみけいすけ》、人斬り鍬次郎《くわじろう》の異名をもった大石鍬次郎、近藤周助門の井上源三郎など、その一人一人が、剣客列伝に記述されても良いだけの技量を身につけていた。しかも一枚岩の結束をかため、任務の遂行のために生命をなげ出して死闘をつづけた。思想的立場は公武合体策《こうぶがったい》を出るものではなく、それにあきたらなくて、伊東甲子太郎一派の離脱も行われるが、職務に忠実であったという点から評価すれば、新選組には一点の非の打ちどころもない。

しかしこの不敗の新選組も、鳥羽・伏見の戦いでは敗北し、富士山艦に便乗して江戸へ引上げている。

たまたま江戸城中で佐倉藩江戸留守居役の依田学海《よだがっかい》と会った土方歳三は、鳥羽・伏見の戦いについていろいろ聞かれたおり、

「これからの戦《いくさ》は槍や刀の時代ではありません。鉄砲にはとても立ち向かえるものでない」

と答えたという。

撃剣会の開催

明治三年（一八七〇）十二月には、庶民の帯刀が禁止され、つづいて四年八月には散髪・脱刀勝手の令が出される。このときはまだ強制ではなかったが、明治九年三月になると、大礼服着用および軍人・警官・官吏の制服着用時を除いて帯刀を禁じる、いわゆる廃刀令が下された。この廃刀令がひきがねになって、神風連《しんぷうれん》の乱、

秋月《あきづき》の乱、萩の乱など一連の士族の反乱が相つぐわけだが、旧士族層にとっては、それこそ長年の特権を剥奪《はくだつ》された思いだったにちがいない。

明治維新で職を失った旧武家層の中には、その日の糧《かて》にも困る者が少なくなかった。転業も容易ではない。御家人などの者には、刑法官として置かれた邏卒《らそつ》などに転じる者も多かった。その邏卒たちに剣道や柔道の修行が課せられるのは明治三年のことで、北辰一刀流の下江秀太郎や鏡新明智流の桃井直正など計五名が世話係に就任するが、それも束の間のこと、翌年五月には刑法所が廃され、武術世話係もすべて解雇されてしまった。

田安亀之助（徳川家達《いえさと》）に従って駿河に移住し大番頭をつとめていた榊原鍵吉《さかきばらけんきち》は、明治三年に東京へ戻ってきたが、武芸家たちの困窮ぶりを見るに見かねたのか、その救済策の一助として、明治六年四月に撃剣会を組織し、浅草左衛門河岸で晴天十日間の興行を催す。

「新聞雑誌」第八七号には、つぎのような予告が報道された。

「脱刀随意ノ令下リシヨリ、剣道頓《トミ》ニ衰へ、府下有名ノ剣客自然沈倫《オチブレ》シ、随テ諸所道場モ壊破《ヤブレ》ニ及ベリ。此頃官許ノ上、神木《サカキ》原鍵吉、会幹、田沢俊明社長トシテ、神田川上大泉旧邸之跡ニ於テ一道場ヲ設ケ、四月中旬ヨリ晴天十日ノ間撃剣会ヲ催シ、諸剣客ヲ集メテ土俵ノ如キ境界ヲ結ビ、彼角觝《カクテイ》（角力《すもう》）ニ倣《ナラ》ヒ、勝負ヲ正シク判ゼル由ニテ、男女共自由ニ見物ヲ許セルト」

そして木戸銭は一朱、時間に制限なく、出場希望者は前日に名前を登録のこと、十日間を一クールとして評定《ひょうじょう》を加えること、ただし竹刀は三尺八寸、試合稽古は早朝六時から十時まで、稽古用の諸道具の損料は三百文とするなど、規則の大略を紹介した。

その撃剣会に関与した野見鍉次郎という人の回想が、明治三十四年五月五日付の「東京朝日新聞」に掲載されている。（渡辺一郎編『史料明治武道史』参照）

「剣術を観せ物の様な仕組にしたのは、私が考へ出したことでございます。最初は一度明治六年でご在《ざ》いましたが、私が榊原鍵吉の所へ遊びに行て、何《どう》しても廃刀令が出て刀が帯せなくなつて了《しま》ったから、打捨て置けば剣道は廃《すた》るばかりで、尚武《しょうぶ》といふ気風の段々失つて了ふのは如何にも残念だから、一つ奮発して此の剣術を観せもの、様な仕組にしたらどうだらう、と云ふ相談を持ちかけた所が、榊原も大層賛成して、ソレは面白い是非やらうと云ふんで、夫《それ》から榊原の所の塵溜《ちりだめ》の傍《そば》で、毎日東西を分てヤットウ〳〵と遣《や》らかしましたが、実に可笑《おか》しうげしたよ」

といった調子で、いろいろと語っている。野見鍉次郎は戊辰《ぼしん》の役《えき》で活躍した人物だ。参加者の中には旧幕軍に加わった者も混じっていたから、野見の姿を見て、こそこそと姿をかくす者もいたらしい。それをつかまえては出場させるといった有様で、仕掛人もかなり手を焼いた模様だ。

そのうちに田沢俊明や吉原大門口の茶屋・屋杉屋の主人が経済的に援助しようということになり、本格的に打ち出したのが浅草左衛門河岸の広場だ。広場の中央に周囲二十五間ほどの土地を借り、試合の場所は盛土し、まわりを竹矢来《たけやらい》で囲み、木戸前には高々と高札を建てた。

まるで敵討でも始まろうというこしらえだ。こうなると噂は噂を生んで、蓋《ふた》を開けたときには、囲いが破れそうな殷《にぎわ》いである。あわてて二十五間を三十五間にまで拡張したが、それでも客をさばききれなかったという。

撃剣会は大当りだった。一般の庶民は町道場などを遠くから伺うことはあっても、試合を鑑賞するなどという機会はなかった。それが金一朱の木戸銭でたっぷりと堪能できる。しかも名前の通った武芸者の試合を賞味できるのだから評判にならないわけがない。連日客止めの盛況で、木戸前に掛茶屋が出来る騒ぎだ。三枚続きの錦絵も出たし番付も売り出される。一時は回向院《えこういん》の大相撲をしのぐ有様だった。

その評判を伝え聞いたイギリス人の自称剣客まで試合を申込んで来たが、榊原鍵吉の門弟に軽くあしらわれると、これがまた話題となり、人気を集めた。そして評判に便乗しようとする者も現われる。

「武江年表」の明治六年の項には浅草左衛門河岸につづいて、五月末から表神保町、南側裏の空地で岡田武雄、浅草の西福寺境内で斎藤弥九郎（二代目）、桜田久保町で島村勇雄、下谷五軒町で磯正智（天神真楊流＝柔術）ほか、浅草寿町で海保順吉（北辰一刀流）といった具合に興行が行われたことが記録されている。次第に武芸試合から見世物的催しに質をかえ、俗受けをねらうように変っていったらしく、後には歌舞妓《かぶき》を雇い、碁盤《ごばん》乗りなども行った。

武芸家の救済、武道の振興という当初の狙いとは狂ってしまったのだ。榊原鍵吉はにがにがしく思ったであろうが、非難がましい事は一切口にせず、徳川家の遺臣として晩節を全うした。明治二十年に伏見宮邸で行われた兜割《かぶとわ》りの妙技は、剣客としての最後を飾る壮挙だった。死ぬまで髷《まげ》を落さず、長さ二尺ほどの鉄扇を頑固《がんこ》扇《おうぎ》と称して携《たずさ》えたという。

無刀流の真髄

明治七年には東京警視庁が発足し、邏卒《らそつ》は巡査と改称される。巡査に限って帯剣は許されたが、まだ柔剣道は教習科目に加えられない。京都府の槇村正直知事が「撃剣の稽古をする者は国事犯嫌疑者と認む」といった命令を出す状態で、武道は白眼視されつづけた。

それが見直されるのは、西南戦争で警視庁の巡査抜刀隊が活躍し、剣道に対する認識が改まってからだ。一時三十七か所でまで開催された撃剣興行も、ようやくあきられ、榊原鍵吉自身も、二度目に開こうとした浅草公園での会は不許可になるありさまで、前途は暗澹《あんたん》としていた。その意味では抜刀隊の活躍は活性剤となったのである。これを機に撃剣会が地方へ波及し、武芸上覧などの機会もふえてゆく。そして明治十二年には内務省警視局（明治十年から十四年一月まで内務省に属した）に巡査教習所が設けられ、構内に道場が開かれるのだ。剣術師範に迎えられたのは梶川義正、得能関四郎、逸見《へんみ》宗助《そうすけ》、上田馬之助《うまのすけ》、真貝忠篤《まがいただあつ》ら高名の剣士であり、その選定に当ったのは榊原鍵吉だった。

だがその一方で武芸無用論はくすぶりつづけ、元老院会議でも、学校教育に武技体操を加えることを否決するほどだったが、次第に学内に武道場を設ける学校がふえてゆく。学習院などはその皮切りで、明治十二年には榊原鍵吉を招いて剣道師範としているし、新たに講師となった嘉納《かのう》治五郎は柔道科を設け、直接指導に当った。

警視庁では武芸再認識の気運の中で、管下各屯所詰の巡査に撃剣と併《あわ》せて柔道の習得も内示し、柔道世話係を採用するなど、次第に積極的となり、明治十六年十一月には、向ヶ丘の弥生社《やよいしゃ》で全国武術大会を開催、十九年六月には撃剣や柔術の諸流派を総合し、警視庁流という一派を再編成するよう企てている。

この向ヶ丘での武術大会で、旧久留米藩士の中村半助と講道館四天王の一人横山作次郎が対決したのは有名な話だ。

明治の十年代は、まだ武道の将来を決めかねた時代だった。そのようなときに一代の剣客として光ったのが一刀正伝無刀流の山岡鉄舟《やまおかてっしゅう》である。明治十三年三月、浅利又七郎義明から無想剣の印可《いんか》を受けて以来、みずから無刀流を称し、明治十五年には春風館道場を開いた。鉄舟は書いている。

「余少壮の頃より、武芸を学び、心を禅理に潜《ひそ》むること久矣《ひさしい》。感ずる所は必ず形に試み今日に至る。年九歳の頃、初めて剣法を久須美閑適斎《くすみかんてきさい》に学び、続いて井上清虎、千葉周作、或は斎藤、桃井等に受け、其他諸流の壮士と共に試合する事、其数幾千万なるを知らず。如斯《かくのごとく》にして刻苦精進する事凡《およ》そ二十年、然れども未だ嘗《かつ》て安心の地に至るを得ず。是に於《おい》ては鋭意進取して剣道明眼の人を四方に索《もとむ》ると雖《いえど》も、更に其人に遇《あ》ふ能《あた》はず。適々一刀流の達人浅利又七郎義明と云ふ人あり、奥平家剣法師範、中西子正《たねまさ》の次男にして、伊藤一刀斎景久の伝流を嗣《つ》ぎ、頗《すこぶ》る上達の人と云ふ。余之《これ》を聞き喜び行て試合を請ふ。果して世上流行する所の剣法と大に其趣きを異にするものあり。外柔にして内剛なり。精神を呼吸に凝し、勝機を未撃に知る。真に明眼の達人と云ふ可《べ》し。是より試合するごとに遠く其不及を知る。爾来《じらい》修業不怠と雖も、浅利に可勝の方法あらざるなり」(『剣法と禅理』)

こうして想いを浅利の剣に致し、滴水禅師について参禅、やがて「両刃交レ鋒不レ須レ避……」の公案を得て釈然と悟り、無想剣の極意を得るまでのエピソードは、多くの本に紹介されている。

一刀正伝無刀流の極意を、山岡鉄舟はわかりやすく簡潔に次のように語る。

「夫《そ》れ剣法正伝真の極意者《は》、別に法なし。敵の好む処に随ひて勝を得るにあり。敵の好む所とは何ぞや。両刃相対すれば、必らず敵を打んと思ふ念あらざるはなし。故に我体を総て敵に任せ、敵の好む処に来るに随ひ勝つを真正の勝と云ふ」(『剣法邪正弁』)

「抑々《そもそも》当流刀術を一刀流と名付たる所以《ゆえん》のものは、元祖伊藤一刀斎なるを以ての故に一刀流と云ふにはあらず。一刀流と名付けたるには、其気味あり。万物大極の一より始まり、一刀より万化して、一刀に治まり、又一刀に起るの理有り」(『一刀流兵法箇条目録』)

「無刀とは、心の外に刀なしと云ふ事にして、三界唯だ一心也。内外本来無一物なるが故に敵に対する時、前に敵なく後に我なく、妙応無方、脱迹《だつせき》を留めず。是余が無刀流と称する訳なり」(『剣術の流名を無刀流と称する釈書』)

鉄舟の剣境が禅機を踏まえたものであることがこれらの文章から良く理解される。明治も十年代に入ると、実践の剣としての効用はすたれるが、鉄舟の剣境は人生哲学的な内容と拡がりを持っており、その意味では明治という時代の性格を反映すると同時に、剣の一個完結した世界をも物語っていた。心を澄まして胆を練り、自然の勝ちを得るところに無刀流の真髄を説いているあたりにも、それはうかがわれる。

鉄舟は幼くして久須美閑適斎について真影流の剣と樫原流の槍を学び、飛騨《ひだ》時代には一刀流の井上清虎につき、十八歳で講武所に入門、さらに山岡静山門で槍術を習得した上で千葉の玄武館道場に籍を入れ、二十八歳で正式に中西一刀流の浅利又七郎に就いた。その修行が一刀正伝無刀流には活きている。おまけに早くから国事に奔走し、激動の時代を生き抜いた人物だ。無刀流はその集大成だったと見てもさしつかえあるまい。

榊原鍵吉は野に在って徳川遺臣の節を貫いたが、鉄舟は宮内省に入った。それを非難する者もいたが、彼は徳川への忠を朝廷への忠の中に見出した人だったのである。

山岡鉄舟

豊田 穣

鉄舟の剣歴

幕末から明治維新にかけて日本の政治に貢献した山岡鉄舟《やまおかてっしゅう》は、また一刀正伝無刀流の開祖として知られる剣豪であった。ただし、宮本武蔵や塚原卜伝《ぼくでん》のように実戦で多くの人を斬った訳ではないので、強い割合に勇ましいエピソードが少ない。非常な猛練習をして、晩年には剣禅一致の道に達し、無刀流を会得《えとく》した人物であるから、強いだけでなく剣を人間修行の伝《つて》として、頼りにした点でも注目される。

山岡鉄太郎高歩《てつたろうたかゆき》は、天保七年（一八三六）六月十日、江戸本所大川端《おおかわばた》通りの四軒屋敷で生まれた。

父は小野朝右衛門高福《たかよし》といって、六百石取りの旗本であった。母は小野家の用人・塚原秀平の娘で、秀平は以前は、鹿島神宮の社人であったから、鉄太郎は塚原卜伝とは遠い縁に繋《つな》がる。というのは、卜伝は鹿島町の卜部《うらべ》家の出身で、卜部家は代々鹿島神宮の祝部《はふりべ》（神に仕える人・祝人）であったからである。

鉄太郎の父は浅草の蔵奉行《くらぶぎょう》であったから、幼時の鉄太郎は、裕福に育った。鉄太郎は幼い時から観世音菩薩を信仰し、九歳の時近くに住んでいる久須美《くすみ》（祐義）閑適斎《かんてきさい》に剣を学んだ。閑適斎は旗本の次男で、鉄太郎は熱心に剣を学んだが、翌、弘化二年（一八四五）、鉄太郎が十歳のとき、父が飛驒高山の郡代《ぐんだい》になったので、両親と共に高山に移り、十七歳のとき（嘉永五年）までそこで過ごした。高山に行ってからも、剣の修行を続け、たまたま閑適斎の弟の庄村翁助という土地の侍が高山にいたので、これについて学んだ。翁助は鉄太郎を指導しながら、その上達ぶりを閑適斎に報告し、鉄太郎は十六歳のとき、閑適斎から切紙《きりかみ》（目録《もくろく》）を伝授されている。この伝書には神陰流となっている。その後も高山で井上八郎清虎に北辰《ほくしん》一刀流を学び、これが彼の剣の基礎となった。井上は元日向《ひゅうが》・延岡の藩士で、千葉周作の門人であり、その頃、京都に逗留《とうりゅう》していたのを、鉄太郎の父朝右衛門が高山に招いたものである。井上は当時三十六歳、門人三人を連れて高山にやってきた。

またこの頃、鉄太郎は儒学や書を富田小太郎や岩佐一亭に習い、書は大いに進み、岩佐から弘法大師入木道《じゅぼくどう》五十二世の伝統を受け、一楽斎と称した。鉄舟は明治になってからも、天皇の側近で書の名手として知られている。

嘉永四年（一八五一）、母の磯《いそ》がなくなり、翌五年父も脳出血で世を去ったので、鉄太郎は江戸に帰ることになった。

江戸では千葉周作門で剣を学んだ。勝海舟（山岡より十三歳年長）が築地の軍艦操練所頭取を命じられるのは、七年後の安政六年（一八五九）なのでまだ鉄太郎と海舟の出会いはなかった。

鉄太郎は高山から江戸に帰る折、父が遺した小判三千五百両を持って、金五郎、鎌吉ら五人の弟を連れて帰り、異母兄・小野古風（幾三郎）の家に寄宿した。『山岡鉄舟』（大森曹玄）によると、鉄舟は高山から江戸に帰る（嘉永五年）と、講武所《こうぶしょ》で周作に剣を習った、となっているが、幕府が築地に講武場を開いたのが、安政二年（一八五五）で、これが講武所と改名されるのは、翌三年であるし、周作は二年の十二月に世を去っているので、鉄太郎が講武所で周作に剣を習う機会はなかったと思われる。『図説・日本剣豪史』（今村嘉雄）には、鉄舟が講武所にはいったのは、安政三年講武所が設立された年、となっている。いずれにしても鉄太郎が講武所で周作に剣を習う機会はなかったと見られる。

ただし、高山における鉄太郎の師・井上は北辰一刀流なので、鉄太郎も江戸では千葉周作の門を叩いたに違いない。

当時、周作の道場・玄武館は、神田お玉ヶ池にあり、京橋・浅蜊河岸《あさりがし》の桃井春蔵《もものいしゅんぞう》（鏡新明智流）の士学館、神田俎《まないた》橋の斎藤弥九郎《さいとうやくろう》（神道無念流）の撃剣館、下谷《したや》・御徒町《おかちまち》の伊《い》庭軍兵衛《ばぐんべえ》（心形刀流）の道場と並んで、江戸の四大道場の一つとして評判が高かった。師の井上の伝言もあって、鉄太郎は江戸に戻ると、早速、神田お玉ヶ池の千葉道場の門を叩いたに違いない。当時、千葉道場では〝小千葉〟といわれた周作の弟・定吉（坂本龍馬の師）、息子の栄次郎の外、高弟の海保帆平《かいほはんぺい》、大羽藤蔵、井上八郎らがいて、数千人と言われる弟子を教えていた（高弟の一人と言われた平手造酒《ひらてみき》は、十年ほど前、利根川で、やくざの喧畔に加担して死んだとされている)。負けん気が強く、修行に熱心な鉄太郎は、千葉道場の外、斎藤、桃井の道場にも出入りし、名のある剣士がいると聞くと、早速出掛けて試合を申しこんだ。鉄舟の自伝にも、「或いは斎藤、桃井らに教えを受け、その他諸流の壮士と共に試合すること、その数、幾千万なるを知らず」と書いている。幾千万はかなりの誇張であるが、思いこんだら止まらないという鉄舟の気性であるから、百人や二百人の剣士に試合を挑んだことは、想像に難くない。

安政三年(一八五六)、幕府が旗本、御家人の武道修行のため、築地に講武所を開くと、これに入った山岡鉄太郎(すでに山岡家の養子になっていた。後述)は、技量抜群の故をもって、世話役に任じられた。同門の者の中には遊蕩《ゆうとう》にふける者も多かったので、鉄太郎は綱紀の粛正をたびたび教授に進言した。

ますます、修行に励む鉄太郎は、この頃、多くの逸話を残している。

すでにペリーの黒船が、三年前には浦賀にきて、日本の開国を迫り、国内には、尊皇攘夷の炎が、各藩浪士の間に高まりつつあるのに、旗本たちは、泰平の眠りから醒《さ》めてはいない。怒りを発した鉄太郎は、ある日、若い武士たちの稽古が生温《なまぬる》いというので、木剣を携えて、道場の中央に立ち、

「各々方《おのおのがた》、剣の気合というものは、このようにありたいものじゃ。今からこの山岡鉄太郎が、手本を示す故、篤《とく》と御覧あるがよい」

というと、厚さ一寸余（三センチ余）もあるけやきの羽目板目掛けて突進した。

「えいっ！」と得意の諸手突《もろてづ》きをいれると、まさかと見ている千葉の門弟たちの前で、そのけやきの板を木剣が突き抜いたので、門弟たちも大いに驚き、これ以後鉄太郎は、〝鬼鉄〟の異名をもらうことになった。

その反面、鉄太郎はこれより少し前、〝ボロ鉄〟という仇名《あだな》ももらっている。鉄太郎は高山から江戸に帰るとき、五人の弟を連れてきたのであるが、末弟留太郎は、数え三歳の幼児で、鉄太郎はこの弟を抱いて貰《もら》い乳《ぢち》をして歩かねばならなかった。また夜は重湯《おもゆ》を作って弟と添い寝をする。その余暇に道場に来るのであるから、服装に構《かま》ってはおられない。そこで〝ボロ鉄〟ということになるのである。

弟の世話で道場に行けないときは、鉄太郎は家に来る者は誰でも稽古の相手とした。一番の被害者は、御用聞きの魚屋や八百屋である。「今日は御用は？」と玄関に来ると、鉄太郎が庭に引っ張りこむ。

「さぁ、一本来い！」と竹刀《しない》を渡して打ち合うが、固《もと》より〝鬼鉄〟の敵ではない。

「いけませんや、若旦那、お侍とあっしら町人では勝負になりませんや」

と御用聞きの青年がひるむと、

「ではわしは裸になる。そちはこの道具をつけい。それでどうじゃ」

「そんならやらせて頂《いただ》きやしょうか」

という訳で、鉄太郎はふんどし一本の裸で、青年と立ち会った。今度は大丈夫というので、青年は無闇《むやみ》に打ち込んで来る。適当にかわしたが、剣道を知らない相手は、肘や膝などを狙うので、鉄太郎の体には転々と赤い斑点が出来る。

「これでもか！」と鉄太郎が力一杯打ち込むと、面の上からであったが、〝鬼鉄〟の力に打たれて、青年は気絶してしまった。

こうしてだんだんと御用聞きが来なくなったので、直ぐ下の弟の金五郎が、心配して、「兄上、裸で試合とは無茶です。それにあんなに打っては、御用聞きが来なくなって姉上（古風の妻）が困ります」と忠告した。これには鉄太郎も閉口《し》して、「兵糧攻めか……そいつは困ったな、では今日限り、試合を強いることはせぬから、御用聞きに参れ、と触れ回って来い」ということで、鉄太郎もあまり町人に迷惑をかけることは慎むようになった。

間もなく、彼は槍術の師・山岡静山の妹英子と結婚して、山岡家の養子となった。これ以降、山岡姓を名乗ることになる。

負けん気の強い鉄太郎は、剣以外の面でも強情で、参った、ということはなかなか言わなかった。あるとき、友人と話をしていると、「ゆで卵というものは、精がつくといわれるが、十個以上はなかなか食えるものじゃない」と彼がいうので、むらむらと鉄太郎の負けん気が頭をもたげた。

「なんの、卵の五十や百、この鉄太郎なら物の数ではないわさ」

六尺二寸（約一八八センチ）、二十八貫（一〇五キロ）の鉄太郎は、大食漢でもあった。それでは……というので、友人が卵百個を買ってゆでたのを、皿の上に山盛りにした。

「なんのこれしき……」というので、鉄太郎は皮を剝《む》き塩を振ってうまそうに食い始めたが、五十個位から、速度が鈍ってきた。しかし、広言の手前、後に退《ひ》く訳にもいかない。お茶で流しこんで、とうとう百個を平《たい》らげたが、ひどく胃が苦しく、とうとう厠《かわや》で全部吐いてしまった。

また二十一歳の頃、友人とある先輩を訪問したところ、その主人が健脚自慢で、

「わしは明日、下駄ばきで下総《しもうさ》の成田山に参ってくるつもりだが、お主たちは一緒に行かんか？」

と鉄太郎たちを見た。江戸から（築地から船で行徳まで行き、行徳から）成田までは十里余（四〇キロ余）ある。友人は尻込みしたが、負けん気の鉄太郎は、

「私は成田山往復くらいは、何でもござらぬ」

と胸を張って見せた。

「ほう、貴公、なかなか元気がいいな。では明日、夜明けと共に出発するからわしの家に来るがよい」

というので、夜中の一時過ぎまで話しこんで、解散した。ところが翌朝は大変な嵐である。鉄太郎が先輩の家を訪れると、先輩は昨夜の呑み過ぎで頭を抱えて手拭いで縛り、

「今日はとても駄目だ」という。そこで鉄太郎は「案外口ほどもない御仁《ごじん》だ」といって、一人で出掛けた。途中、嵐の中を下駄ですたすたと歩き、成田山に詣でて、帰路についたのは、もう昼をかなり回った頃である。一時間に一里半（六キロ）として、片道十五里を歩くには十時間はかかる。往復三十里を朝六時に家を出て、夜中の三時に帰ってきたというから、都合二十一時間で歩いた訳で、食事や休憩時間を除くと、一時間に二里近くを歩いた訳で、相当な健脚である。夜半に先輩の家を訪れ、

「只今帰ってきました」

と鉄太郎が成田山のお札とお守りを差し出したときには、さすがの先輩も鉄太郎に頭を下げたままであったという。先輩の目には歯がぼろぼろに欠けた鉄太郎の下駄が映っていた。

勝海舟は山岡を「馬鹿正直」と呼んでいる。同じ江戸本所の出身でも、勝は御家人の子で貧しく育ち、下町っ子の抜目のなさとしゃれっけをもっていた。六百石の旗本の子で、幼少の時代を飛驒で過ごした山岡とは、人柄がかなり異なったと思われる。鉄舟は努力家で誠実ではあったが、終生、無骨で無粋な所があった。それがよく現われているのが、道場における立ち切り稽古である。道場の中央に立ったまま、何人も相手にして、全然休息をとらない。実戦では敵が休ませてはくれまい、というのが、鉄太郎の意見であった。

その鉄太郎も晩年は剣と共に人間の方もますます円熟して、味のある人物となっている。

海舟があるとき、鉄舟の「武士道」の講話を評して「山岡もなかなか馬鹿正直ではない。ずいぶん謀略の士だよ」といっているのは、味のある言葉である。鉄舟の弟子の小倉鉄樹も「鉄舟の誠忠はのべ金《がね》式の誠忠ではなく、鍛えられた誠忠である」といっている。のべ金というのは、小倉によると、「山出しののべ金のようで、細工も面白味もない、融通の利《き》かぬ条理も分からぬ誠忠のこと」で、鍛えられた誠忠というのは、「人道を弁《わきま》え、大義名分を明らかにし、大道によって行動する。本当の人間としての発露だ」というのである。

慶応四年（一八六八）三月の駿府における西郷との会見で、二人は肝胆相照《かんたんあいて》らすようになるが、西郷は鉄舟のことを、「腑の抜けた」男だといっている。とぼけたという意味らしいが、融通の利かないものではなく、大人の純情という意味であろう。

鉄舟と勤皇

鉄舟は先の江戸城無血開城の件で西郷と会ったことで知られているが、ある時期は徳川家だけの忠臣ではなく、勤皇に心をひそめたこともあった。

天保の頃から外国船が日本の近海に現われるようになり、国外の不安と相応じるように勤皇の思想が高まってきた。そこで安政ともなると、尊皇攘夷の動きが活発になってきた。その火元は薩摩、長州、土佐、肥後、越前そして水戸である。

これに対して幕府は今までの身分や地位を重んじる人事では駄目だと気づき、人材登用を考えるようになった。小普請組《こぶしんぐみ》四十俵取りであった勝海舟が、蕃書調所《ばんしよしらべしよ》勤務（百俵）に抜擢《ばつてき》されたのは、安政二年（一八五五）のことである。この頃鉄太郎は高山から江戸に帰って間もない頃で、山岡静山について槍術を習っていた。

しかし、多感で精力的な鉄太郎は、狂気のように剣の道に精進する一方、国外、国内の情勢に無関心ではおられなかった。

安政五年（一八五八）四月、彦根の城主・井伊直弼《なおすけ》が大老となると、時局を収拾するため、攘夷派の大名の反対を押し切り、六月勅許を待たず、日米修好通商条約を結んだので、攘夷派、特に尊皇攘夷を唱える浪士たちの反撥が激しくなった。このため、幕府は九月以降、梅田雲浜《うんぴん》ら尊皇攘夷派の志士を次々に逮捕した。西郷が僧・月照《げつしよう》と錦江湾《きんこう》で入水《じゆすい》したのもこのときである。

翌、六年、遂に安政の大獄が起こり、橋本左内《さない》、頼三樹三郎《らいみきさぶろう》、吉田松陰《しよういん》らが逮捕され処刑された。

この過激な動きを見た鉄太郎は、これでは幕府は駄目になる……と考えた。今は京都の朝廷に忠義を尽くす尊皇攘夷派の力が強い。良くも悪くも時代の流れである。無理に逆らうと幕府はつぶれてしまう。幕府の中にも尊皇攘夷を考える士がいてもよいではないか……そう考えた鉄太郎は、出羽の庄内の郷士・清川（河）八郎、薩摩の益満休之助《ますみつきゆうのすけ》らと結んで「尊皇攘夷党」を結成した。発起人は山岡、清川、益満らで、幹事には十津川の郷士・藤本鉄石、土佐の坂本龍馬らの名前も見えている。

こうして尊皇攘夷党は結成されたが、尊皇はもちろんであるが、攘夷までが鉄太郎の本旨であったかどうかは疑問がある。

海舟ほどではなくとも、鉄太郎には天下の形勢が、開国必至であることはわかっていた。この少し前、幕臣の戸田忠至《ただゆき》が鉄太郎と攘夷論を戦わせた。戸田は橋本左内の開国論に同意して、鉄太郎に、

「攘夷といっても、本当に攘夷を断行するつもりなら、幕府を地方に移して江戸を焼き払い、背水の陣をしかなければ駄目だ」

といった。鉄太郎はうなずいて、

「そりゃあそうだが、今の幕府でそんなことが、出来る訳がない」と淋しげに言った。

これについて戸田は「山岡は攘夷が無理と知りながら、唱えていた。つまり攘夷論を公武合体と過激な不穏分子の抑えに使っていたのではないか」と小倉鉄樹に語っている。

鉄太郎は海舟に劣らず腹芸をやる。彼の考えは、朝廷を立て攘夷を名乗ることで、幕府への風当たりを緩和し、挙国一致体制で、この危機を乗り切ろうというのである。結局、開国の止むなきに至ることはわかっているが、国内混乱の内に異国に領土を踏み荒らされないようにするには、朝廷と幕府の団結が必要であった。

鉄太郎のこの考えには、幕閣の中にも同調者がいた。越前の藩主・松平春嶽《しゅんがく》は尊皇攘夷派であったが、諸国から江戸に集まってきた過激派の浪士たちを抑えることに腐心していた。尊皇攘夷党の幹部・清川八郎が浪士を集めて新徴組《しんちょうぐみ》を作り、京都に上らせて禁裡《きんり》の守護に任じさせる、という案を出すと、これに乗って、家臣の松平主税介《ちからのすけ》にこの編制を命じた。文久二年（一八六二）のことで、すでに二年前の万延《まんえん》元年三月、井伊大老は、水戸浪士らの手に倒れ、尊皇攘夷の思想が再び勃興しつつあった。

幕府はまず五十名くらいの浪士を集めるつもりで一人当たり五十両の支度金で二千五百両を用意した。

募集が始まると、一癖も二癖もある侍が、続々と集まってきた。後に新選組の局長となって斬られる芹沢鴨《せりざわかも》、同じく近藤勇《こんどういさみ》、土方歳三《ひじかたとしぞう》、沖田総司《おきたそうし》、永倉新八《ながくらしんぱち》、藤堂平助《とうどうへいすけ》ら新選組の幹部となるそうそうたる剣士たちである。これに山岡四天王の一人である使い手の村上俊五郎も入って来る。いずれも一筋縄ではいかないつわものぞろいなので、松平主税介も指揮官を断わってしまった。

そこで幕府は、目付役の鵜殿鳩翁《うどのきゅうおう》を浪士取扱とし、清川、鉄太郎と松岡万《よろず》（山岡四天王の一人）を浪士取締に任命した。

こうして新徴組は第一回の会合を小石川の伝通院で行ったが、こういう物騒な連中を江戸においては、事面倒《ことめんどう》とみた幕府は、家茂《いえもち》将軍警護の名目で、文久三年一月、この新徴組を京に向かわせた。山岡も清川と共に上京した。

ところが策士・清川の本意が、浪士を糾合《きゅうごう》して、実はこれにどんでん返しを打たせて、倒幕に利用しようとしていたことが、うすうすわかってきたので、幕府や京都所司代も新徴組をにらみ始めた。

清川は、万延元年十二月のアメリカ総領事ハリスの通訳官・ヒュースケンの暗殺（犯人は薩摩の伊牟田尚平ら）に関係して、幕吏に追われ、各地を転々としている内、多くの尊皇攘夷の浪士と知り合った。怜悧《れいり》な男で、策を弄する傾向があり、それが新徴組事件で破滅に至るのである。

折柄《おりから》、京では薩摩の島津久光が上京したりして、倒幕に期待する諸国の浪士たちが渦を巻いていた。新徴組の裏切りの危険を感じた幕府は、早々に新徴組に江戸帰還を命じ、同組は三月十三日二百余名の浪士が江戸に帰ることになった。このとき、会津藩主・松平容《かた》保《もり》の下で新選組を作ったのが、芹沢、近藤たちである。清川はこの連中と合わず、江戸に帰った後、暗殺されることになる。

鉄太郎は残余の浪士を引き連れて、江戸に舞い戻ったが、不平分子が多く、抑えるのに苦労をした。高弟の松岡万が先頭に立って辻斬りをやる。尊皇攘夷軍用資金の調達だ、と称して豪商に押し込む者もいる。

鉄太郎も松岡の辻斬りには頭を悩ました。元々は尊皇攘夷党であるから、これに反対の幕臣を斬ったりするが、しかし、こちらも幕臣なので、勤皇浪士で無頼の徒がいると、これも斬ったりする。要するに幕府に認められて出世するつもりのところを抑えられた不満が高じたものであるから、始末に負えない。松岡は多くの人を斬ったため、晩年はその亡霊に悩まされた。

また豪商を襲うのは、先にヒュースケンを暗殺した伊牟田尚平や益満らで、西郷はこれらを使って江戸を攪乱《かくらん》し、倒幕の準備としていた。そのために後には江戸の薩摩屋敷が焼き打ちされることになる。

鉄太郎が尊皇攘夷党の総裁とすれば、参謀長格が清川八郎である。

清川は出羽・庄内平野の東で最上川《もがみがわ》に沿う清川の出身で、本名・斎藤正明、土地の名を取って清川八郎と称した。天保元年（一八三〇）の生まれで、山岡より六歳年長である。

この時代、地方の下級武士によくあるように、勤皇に志して、あわよくば幕府を倒して天朝の御代《みよ》にし、自分が功臣として出世しようという青雲の志を抱いて、十八歳のとき、江戸に出てきた。儒学を学び、湯島の昌平黌《しょうへいこう》を馬鹿にするほどに進んだ。

神田に塾を開いていたが、万延元年桜田門外で井伊大老が斬られると、元々血の気が多く野心家の清川は、尊皇倒幕を企図するようになり、「虎の尾会」を作り、〝回天の一番乗り〟は俺だ、と豪語するようになった。回天とは、尊皇倒幕で幕府を倒して、天下を一新することである。それには護身の術も必要なので、彼は千葉道場に通い、北辰一刀流の免許を得ている。

もちろん、幕府はこの学者崩れの野心家を危険思想の持主として、早くから注意していた。

文久元年(一八六一)五月、日本橋で故意に清川に無礼を働いた町人がいた。清川がそれを斬り捨てると、幕府の役人は清川を追い掛けた。清川は水戸へ逃れ、その後、奥州から木曾路、関西、中国、九州と全国を逃げ回り、各地の勤皇の志士と気脈を通じた。こういう遊説は彼の得意とするところである。

清川は新徴組の結成に参画し、倒幕を考えていたが、文久二年四月の伏見寺田屋の変で、薩摩の突出組(倒幕派)が、藩主・島津久光の命令で上意打ちにされると、挫折感を味わった。新選組の近藤や土方たちとも合わず、江戸に戻って再挙を図っていたが、文久三年四月十三日夜、江戸赤羽橋で、刺客の手に倒れることになった。

この日、清川は風邪で鉄太郎の家で寝ていたが、安積《あさか》塾の同門・金子与二郎を尋ねる約束があったので、麻布の方に出掛けた。

赤羽橋まで来ると、

「やぁ、清川さん、しばらくだなぁ……」

と一人の男が清川の右肩を叩いた。友人の佐々木唯三郎で、彼は聞こえた小太刀の名手である(彼は後に坂本龍馬を斬ることになる)。続いてもう一人の男が、清川の左側に立った。

同じく佐々木の仲間の速見又四郎で、佐々木に次ぐ使い手である。二人が両手を抑えたので、剣の達者である清川もなす術《すべ》もない。そこへ第三の男が現われて、一刀のもとに清川を斬り捨てた。

千葉周作と浅利又七郎

清川が死ぬと、尊皇攘夷党も参謀長が死に、鉄太郎も急には尊皇攘夷が実現出来ないと考えて、剣の道にいそしむことにした。すでに二十八歳で、九歳で剣を握ってから、二十年近くになる。

当時、江戸には千葉一門の外、斎藤、桃井、伊庭らの道場があり、また直心影流で剣聖といわれた男谷下総守信友《おだにしもうさのかみのぶとも》がおり、その門下に島田虎之助（嘉永五年没）、榊原鍵吉《さかきばらけんきち》などの名手がいて、江戸末期の剣道界は百花繚乱という感じであった。その中で鉄太郎は、天才と言われた浅利又七郎義明に目をつけた。

浅利は千葉周作の義父・浅利又七郎義信の養子で、周作とは義理の兄弟に当たる。義明の養父・義信は、下総・松戸の出身で、若狭・小浜藩の剣術師範で、旗本・喜多村正次の屋敷にも師範として出入りをしていた。この喜多村家に仕えていたのが、千葉幸右衛門成勝の次男・於菟松《おとまつ》で、これが後の周作成政《なりまさ》である。

幸右衛門成勝は千葉吉之丞常成の養子で、常成の父・平右衛門道胤は、北辰流をよくした。吉之丞は父を凌《しの》ぐ名手で、磐城《いわき》の国、相馬中村藩の師範をしていたが、たまたま同藩の上山角之進と試合をして、敗れたので、発奮して相馬の北辰妙見宮に参籠し、天啓によって北辰夢想流を発想したという達人であった。

常成はその後、中村藩を浪人して医者となった。その娘婿になったのが、幸右衛門成勝でその次男が周作なのである。

成勝は文化六年（一八〇九）、三人の息子たちを連れて、江戸に近い松戸に移った。名前も浦山寿貞と変えて医師をやっていたが、たまたま中西派一刀流の浅利又七郎義信と知り合い、次男の周作が、喜多村家に仕えることになった。

又七郎義信は松戸の貧しい家に育ち、少年時代はアサリ売りを業としていた。江戸に出ると、中西道場に入りこんで、道場の隅でじっと稽古を見ていた。

それを見た道場主の忠兵衛子正《たねまさ》が、

「小僧、剣術が好きか？」

と聞いた。

「好きです！」

少年の返事がはっきりしていたので、子正が、道場にあげて、門弟と立ち会わせてみると、一、二年修業したくらいは使うので、

「小僧、よくみていたぞ!」

と子正が内弟子にして鍛えたが、これが数年にして、免許皆伝になった。小浜藩で師範に欲しいというので、子正が苗字をつけようとしたが、いい苗字がない。そこでアサリを売っていたので、浅利又七郎義信という立派な名前をつけて小浜藩主・酒井家に送りこんだのである。

周作はこの又七郎義信について学び二十三歳で免許皆伝になった。義信は、この上は中西道場にて修行すべし、というので、自分の師の子正の道場に周作を送った。

中西道場には、有名な〝音無しの構え〟で知られる、高柳又四郎や寺田五右衛門、試合ならば、天下無敵と豪語する白井亨らの強豪が、雲のように並んでいた。三年の修行の後、周作は中西流の免許皆伝を許された。

この免許祝の試合で、周作は難剣といわれる〝音無しの構え〟を使う高柳又四郎と立ち会った。堂々と正攻法の周作は、位で相手を圧倒し、さしもの怪剣士・高柳も打ち込むことが出来ず、最後は相打ちに終わった。

このとき、周作が踏み下ろした足が、道場の床板を破ったので、中西は驚いた。厚さ一寸二分（約三・六センチ）もある檜《ひのき》の板が割れたのである。

「これは近頃珍しいことだ」

というので、中西はその板を切り抜いて額に入れ、長く後進の修行の教材とした。

その後、周作は浅利家の養子となり、小浜の酒井家に師範として、出向いた。

しかし、気性の激しい周作は、いつまでも養家にいて、中西一刀流を教えることに満足出来ず、養父と剣の上で口論し、文政三年（一八二〇）、二十七歳のとき、養父に一刀流の伝書を返して、武者修行の旅に出た。

周作が浅利家を去った後、同家では、中西子正《たねまき》の次男を迎えて、養子として浅利家を継がせた。これが幕末の名剣士とうたわれる浅利又七郎義明である。

又七郎義明はアサリ売りであった養父の義信と違って名門の息子であるから、天性の鋭い剣を持っているのはもちろん、人間的な修行にも心を砕いていた。

山岡鉄太郎と義明の最初の試合（文久三年、鉄舟二十八歳）は、記録に残っているが、相当激しいものであった。

浅利道場を訪れた鉄太郎は、義明を相手に道場狭しと戦った。六尺二寸（約一八八センチ）、二十八貫（一〇五キロ）の巨体を利して、鉄太郎は体当たりを繰り返す。しかし、名手・又七郎義明は、これを左右にかわしながら、鋭い諸手突きで鉄太郎を脅《おびや》かした。最後には鍔迫《つばぜ》り合いになり、鉄太郎が長い足を義明の足にからめて押し倒した。

勝負が終わって、面を脱《はず》しながら、浅利は、

「山岡さん、今の勝負をどう思いますか？」

と聞いた。

「大分、苦労しましたが、最後は私の勝ちです」

と鉄太郎は答えた。

義明はそれを制した。

「いや、私の勝ちです」

「これはしたり、どこで拙者が打たれたのですか？」

鉄太郎は色をなして、そう反問した。

「貴公がのしかかってきたとき、私が胴を打ったはずです。調べて下さい」

義明がそういうので、鉄太郎が竹側の胴をはずして見ると、右側の竹が三本折れている。しまった！　と思ったが、負けん気の強い鉄太郎は、

「いや、これは、拙者の防具は古いもので、かなり傷《いた》んでおりました故……」

とその場をつくろった。

「左様かな？　……」

義明はそういうと、微笑した。春の陽《ひ》のように穏やかな笑みであった。

――どうも俺の負けらしい……鉄太郎はがっくりしながら、浅利道場を辞して、義兄の高橋泥舟《でいしゅう》（海舟・鉄舟と並んで幕末の三舟といわれた。槍の名手、後述）の家に寄って、試合の顚末《てんまつ》を話した。

じっと聞いていた泥舟は、

「鉄太郎君、そいつは相当な出来物《できぶつ》だぜ。あんたそいつを逃がす法はねえぜ」

と弟子入りを薦《すす》めた。

やはりそうか……というので、鉄太郎は浅利道場にとって返し、改めて無礼を詫びて、浅利の門にはいった。

さて翌日、道場で浅利と立ち会うことになったが、今度は昨日とは全然様子が違った。

竹刀ではなく木刀の試合で、下手をすると、命にかかわる。真剣試合に近い。

「いざ！」

「参られい……」

鉄太郎は青眼、義明はゆったりとした下段である。

ところが鉄太郎が前進しようと思っても、義明の剣尖が邪魔になって、一歩も進めない。

「やぁーっ！」

と気合は勇ましいが、徐々に押されてくる。――これではならじ……と鉄太郎が大上段にふりかぶると、また一歩義明が前に出る。

「たぁーっ！」

打ち込もうとして、気合をかけると、

「胴があいている！」

義明が声をかける。

がっくりときた鉄太郎は、また青眼に木刀を戻したが、その間にも義明は前進し、とうとう鉄太郎は、道場の羽目板に押しつけられてしまった。

「これはしたり、先生、もう一度お願いします」

というので、再度立ち会ってみたが、結果は同じでまた羽目板に背中が張りついてしまう。

「まだまだ、今一度……」

負け惜しみの強い鉄太郎は、こんなに腕が違うはずはないというので、また試合を申しこんだが、五回目には、道場の縁側から庭の隅にまで追い詰められ、とうとう池に落ちてしまった。

「先生、参りました。修行して出直します」

池の水を呑みながら、鉄太郎がそういうと、

「いや、貴公は見込みがある。打ち込めないということは、打ち込めば打たれるということが、見えているからじゃ。それが見えなければ、最初に血反吐《ちへど》を吐いて倒れるところじゃったよ」

そういうと、義明は木刀を収めた。

どうも癪《しゃく》な先生だ……というので、翌日もまた指南を乞うたが、やはり羽目板に張りついてしまう。その翌日も同じである。——これはいかん……今までの俺の剣は力任せの

邪道の剣だ。浅利先生の剣はまことの剣に違いない。どうしたらあの境地に迫れるか……鉄太郎はここで初めて剣の道という壁にぶつかった。鉄舟の自伝には、次のようにこの折の心境が記されている。

「爾来《じらい》、修行怠らずといえども、浅利に勝つべき方法有らざるなり。是より後、昼は諸人と試合をなし、夜は独り座してその呼吸を精考す。眼を閉じて専念呼吸を凝らし、想を浅利に対するの念に至れば、彼忽《たちま》ち余の剣の前に現われ、あたかも山に対する如し。真に当たるべからざるものとす」

鉄太郎は完全に行き詰まった。剣ではとても浅利に勝てない。そこで彼は禅の教えに頼ることにした（鉄舟が禅の悟りの境地に達し、浅利の剣を恐れなくなるのは、明治も十三年に入ってからのことである）。

鉄舟と禅

剣禅一致というのが、武士の最高の境地といわれるが、山岡鉄舟もこの剣と禅の修行を並行させて、己《おのれ》を磨いた人物であった。

鉄舟が禅に心をひそめるようになったのは、十三歳のときで、高山にいた頃、父の朝右衛門高福《たかよし》の教えによる。父は次のように教えた。

「およそ人が忠孝の道を修めようと思うならば、形においては、武芸を学び、心の修行は禅を習練することである」

何にでも熱心な鉄舟は、禅の修行にも心血を注いだ。

勝海舟は鉄舟の禅を次のように評している。

「山岡が剣の修行に関して禅の必要を感じて修禅したというが、禅機というものは、万機に応用して一種いうべからざる妙味の存するものである。／加藤清正でも宮本武蔵或いは将軍家光時代の柳生宗矩《むねのり》でもすべてこの気合を飲み込んでいたものだ。俳句の元祖ともいうべき芭蕉の句は禅機から生まれたものが多い。『古池や蛙とび込む水の音』などの句は、無我無心の妙趣を含んで、とても凡人ではわからない。無我無心は禅機の極意、天地の達者だ。人一度この境に達すれば、真に天下に敵なしだ。剣だって禅だって、字こそ違えひっきょう同じことだよ」

鉄舟の人間修行には、若いときの師で養父である山岡静山の影響も大きい。静山の次の言葉が鉄舟に大きな影響を与えたと思われる。

「凡《およ》そ人に勝たんと欲せば、須《すべか》らくまず徳を己に修むべし。徳勝ってしかして敵おのずから屈す。これを真勝となす。若《も》し技芸撃刺《げきし》によって勝ち得べしと思わば、大なる謬《びゆう》なり」

また鉄舟は若い頃、大燈国師の遺誡を読んで感じたことがあったらしい。大燈国師は、宗峰妙超《しゅうほうみょうちょう》といって、南北朝時代の名僧で、二十六歳のときに大悟し、京都紫野《むらさきの》に大徳寺を開いた。花園天皇から大燈国師の号をもらっている。

「汝ら諸人この山中にきたりて道の為に頭をあつむ。衣食の為にすること勿《なか》れ。肩あって着ずということなく、口ありて食らわずということなし。只、すべからく無理会（道理を会得せず）の処に向かって究《きわ》め来たり究め去るべし。光陰矢の如し。看取せよ。看取せよ」

鉄舟は明治十三年、四十五歳で大悟徹底する前に、一種の念力のようなものを持っていた。

若くて貧乏していた時代の話である。弟子の小倉鉄樹が鉄太郎の家を訪れると、弟の飛《ひ》馬吉《まきち》が、

「小倉さん、禅の修行というものは、人皆違うものだね。俺がいくら座禅をして、出ていた鼠をにらんでも、鼠は平気で走り回るが、兄貴がにらむと直ぐに天井から落ちるんだ」

といったので、小倉はいくら禅をやったといっても、そんなことはあるまい、と思って鉄太郎に確かめると、

「ああ、落ちるよ。お前もやってみい」

と鉄太郎が言ったので、小倉も信用したという。

この頃の鉄太郎（十九歳から二十歳）は、武蔵の国・柴村（現・川口市）長徳寺の願翁《がんおう》和尚について参禅していた。

願翁は最初に「人間本来無一物」という公案を授けた。願翁は鉄太郎に言った。

「お主は剣道を修行しているそうだが、もし相手がぐんぐん迫って来るときは、心に恐怖が起こって、動揺するに違いない。もしこの『本来無一物』という言葉が本当にわかれば、敵が真剣で迫って来ても、動ずることなく平然としておられることであろう」

それからというもの、鉄太郎はひそかにこの無一物という言葉を理解しようとして、苦心した。

晩年の鉄舟はこの頃のことを回顧して、

「昼は武道場に立ちて竹刀を振り、夜は無人の室に隠れて瞑目正座し、その真理を究めんとせしも……一進一迷、一退一惑、口これを状すべからざるものあり」

といっている。そして参禅すること十二年にして、ある日箱根の湯につかっているとき、忽然《こつぜん》として無一物の意味を悟った。明治維新の直前のことである。

維新後、鉄舟は宮内省勤めになってからも、三島の龍沢寺に通い、星定《せいじょう》和尚の教えを乞うた。このときも健脚の鉄舟は、三十里余（一二〇キロ余）の三島まで徒歩の日帰りで、往復したという伝説を残している。日帰りといっても、前日の夕食後にわらじばきで出発し、三島に着くと直ぐに和尚の教えを乞い、茶漬を馳走になると、また帰京の途に着いた。宮内省は一と六のつく日が休みだったので、二晩と三日をほとんど歩きづめで往復したものので、とても人間業ではない。

こうして超人的な剣と禅の修行を続け、明治十三年、四十五歳で大悟して、無刀流を開くのであるが、それは後述する。

鉄舟の逸話

鉄舟が清水次郎長と知り合ったのは、明治二年のことといわれる。鉄舟三十四歳、次郎長五十歳であった。

ある日、剣道の話になって、次郎長が、

「剣道なんか実戦の役には立たぬ」といった。

「どういう意味か？」

と鉄舟が興味を持って聞くと、

「刀を抜いて喧嘩をすると、怪我をするが、素手でこの野郎！　とにらみつけると、大抵の奴は逃げてしまう」

と次郎長がいう。そこで鉄舟が、

「よし、ではお前はその長い刀とにらみの力でかかって来い、わしはこの木刀で十分だ」

というので、立ち会うことになった。二人が相対して、次郎長はしきりに鉄舟をにらみつけるが、鉄舟は木刀をだらりと提げて、平然としている。そのうちに次郎長が、

「どうもいくらにらんでも、お前は平気で、わっしの方が足がすくんで、切り込むことが出来ねえ。どういう訳でがしょう？」

と言い出した。

「それはなあ、眼の光の違いだよ」

と鉄舟は説明した。

「眼の光？　……」

「そうだ、禅の修行をして、剣を学ぶと、自然に眼に光が出て来る」

鉄舟の話を聞いた次郎長は、大いにその品格に感じいった。そこで鉄舟は「眼不放光輝非大丈夫」と書いて次郎長に渡したという。

若い頃の鉄舟を悩ましたものの一つは色欲である。二十四、五歳の頃、鉄舟は「人間は色情というものの正体をつきとめるには、色の海の真只中に飛び込む必要がある」と言い出して妻の英子を驚かせた。ちょうど、尊皇攘夷党を結成して、京へ行ったり、江戸に帰ったりしていた頃のことである。浪士たちとの付き合いも多かったので、英子も止むを得ないと思っていたが、何にでも熱中する鉄舟は、「日本中の商売女をなでぎりにするんだ」という勢いで、遊里に通った。

それが断続するうちに、明治維新となり、鉄舟はいったん家族を連れて将軍と共に静岡に行き、また家族を静岡に残して江戸にいることが多かった。

ある夜、鉄舟が江戸の家で寝ていると、夢枕に顔色の青ざめた女が立った。よく見ると妻の英子である。

「おう、お前は英子ではないか?」

というと、その影は消えてしまった。

慌《あわ》てた鉄舟は急いで静岡に帰ると、英子は仏間で正座している。

「どうしたんだ?」

と聞くと、

「あなたの女道楽が止まないので、三人の子供をこの懐剣で刺し殺して、自害しようと考えていましたが、あなたの声が聞こえたので、待っていたのです」という。

そこで鉄舟も落涙して、

「そうか、俺もやっと女の誠というものがわかった」というので、放蕩を止めたという。

鉄舟の夜の巷の流離は、明治維新を挟んで十年も続いたのであった。

幕末の三舟と西郷南洲

勝海舟、山岡鉄舟、高橋泥舟《でいしゅう》を幕末の三舟と呼ぶ。海舟、鉄舟については、よく知られているが、泥舟については、それほどではない。泥舟も幕臣で、槍の名手であり、鉄舟の妻英子の兄で、常に鉄舟とは連絡を取っていた。相当の人物であったが、幕末多事の際には、力《ちから》鉄舟に及ばずとして、鉄舟に兄事していた。

この三人の幕臣を比較してみると、海舟は智謀湧くが如き人、鉄舟は心広くその人間的な幅の広さは、ひとり西郷南洲のみが対抗出来る程のもので、人間味においては、海舟は鉄舟に及ばない。また泥舟は大いに為《な》す所ある人物でありながら、海舟、鉄舟の陰に隠れて、その志を遂げることの出来ない所があった。意志ありながら、時節に遭遇しなかったといえようか……。

そして第一番の人物はやはり西郷南洲であった。清濁併せ呑み、生まれながらの英雄で、日本を動かすことが出来たという点では、西郷が一頭地を抜いているであろう。しかし、鉄舟もそのあくなき精進の結果、個人的な迫力においては、南洲に迫る所も出来てきたと思われる。

有名な静岡における西郷・山岡会見の後、西郷は戦火を免《まぬか》れた江戸に入って海舟と会った。そのとき、西郷はしみじみと言った。

「いや、人間、時にはえらい人物に出会うものでごわすな。命もいらぬ、金もいらぬ、名もいらぬ、というようなのは実に始末に困るのでごわすが、じゃっどん、あげん始末に困る御仁じゃなくっと、共に天下の大事を語りあう訳には参りもはんど」

西郷は海舟の学識とその智謀を高く買いながらも、鉄舟の体当たり的な人柄に魅力を感じていたのであるが、この二人には多くの共通点があったと思われる。

鉄舟と南洲の会見

慶応四年（一八六八）一月、鳥羽・伏見の戦いに敗れた徳川慶喜《よしのぶ》は、船で江戸に逃げ帰り、二月上旬、上野・寛永寺で恭順の意を表した。

官軍と称する西軍は、有栖川《ありすがわ》宮を大総督に戴《いただ》き、西郷を参謀として、二月下旬、早くも駿府（静岡）に着いた。いよいよ東西決戦だというので、江戸の市民は逃げ支度である。

慶喜は一身を犠牲にしても、江戸を災禍から救いたいと考え、親衛隊長格の高橋泥舟を呼んで、

「駿府に行って大総督の宮に自分の恭順の意のある所を報告して、江戸を和平の内に明け渡し出来るようにお願いしてきてくれ」

と頼んだ。泥舟はもっともと考えて、お引き受けしようとしたが、江戸の旗本の中には、主戦派がいて、慶喜を擁して江戸城を枕に一戦しようという連中が隙《すき》をうかがっているので、自分が出掛ける訳にはいかない。そこで義弟の鉄舟をその代役に立てることになった。

慶喜の御前に出た鉄舟は、その面やつれの激しいのに驚き、慎んでこの決死の役目を引き受けることにした。そこで軍事総裁の勝海舟に打ち合わせに行った。不思議なことに両

雄の会見はこれが初めてである。

ところが鉄舟が一時尊皇攘夷党の幹部であったことなどから、海舟は鉄舟を危険人物ではないかと疑い、一応は玄関払いを食らわせたが、結局、鉄舟の意気込みに押されて会ってみた。海舟の部屋に入ると、鉄舟はいきなり、「この度将軍慶喜の命によって、駿府に赴くが貴殿の存念を承りたい」といった。智略の人、勝にも実はどうやったらよいのか見当がつかない。言葉を濁していると、鉄舟は大喝した。

「貴殿は軍事総裁ではないか。この期に及んで思案がないとは何事であるか！」

海舟もむっとして、

「然らば貴公にはいかなる存念ありや？」

と聞き返した。鉄舟は言った。

「今やこの日《ひ》の本《もと》の国においては、幕府の薩摩のという区別は無用である。挙国一致、四海一天、天業復古の好機は今をおいて外にないぞ」

要するにいろいろな派閥を去って、国が一体となる時期がきたというのである。海舟はその信念に驚きながら、共鳴した。このとき、海舟は西郷宛の書簡を書いて鉄舟に渡し、随員として益満《ますみつ》休之助をつけてやった、と自分の本に書いているが、これには疑問がある。大体、海舟は維新後、自分が三田の薩摩屋敷で西郷と会見したのが、江戸開城の元だといって、鉄舟の手柄を横取りしようとした事もあって、この件に関しては評判がよくない。

江戸から駿府まで四十五里（一八〇キロ）の道を、鉄舟関係の資料では徒歩で行ったとなっているが、急ぎの用であるから、馬も使ったのではないか。益満がやってきて、同行を頼むので、二人で六郷川（多摩川）を渡って川崎にはいった。沿道は官軍がひしめいている。そこを「朝敵・徳川慶喜家来・山岡鉄太郎、大総督府に罷《まか》り通る」と大音声《だいおんじょう》を上げながら、突破して行く。このあたりの隊長は、薩摩の篠原国幹《しのはらくにもと》であったが、鉄舟の意気に押されて、黙って通してしまった。続いて横浜あたりは長州兵がいたが、益満が薩摩藩の手形を出して無事通行した。

　恐らく二日はかかったであろうが、二人が駿府に着いたのは、三月九日のことである。伝馬町にある大総督の本営に行くと、西郷は直ぐに会ってくれた。

「西郷先生、官軍の意図は、只進撃して幕府側の人間を殺せばよいのですか。それとも朝命に服すればよいのでしょうか？」

　鉄舟がずばりそう聞くと、西郷は、

「自分は朝命にそむく者を鎮定するのが役目である。将軍慶喜は謹慎といわれるが、甲州一帯では幕軍が抵抗しているのではないか？」

と反問した。それは近藤勇らの甲陽鎮撫隊《こうようちんぶたい》のことらしいので、「あれは徳川家と絶縁した鼠賊の仕業でござる。主君慶喜の恭順の赤心は間違いございません」と鉄舟は力説した。

　西郷は考えこんだ。この山岡という男が並々ならぬ人物であることはわかるが、さりとてそれだけで進撃をやめれば、京都で多くの勤皇の志士を殺されている長州の連中が承知しそうにない。

するとと鉄舟は声を励まして言った。

「西郷先生、天下を再び兵乱の中に投じて、民を苦しめるか、万民の為に和平を呼ぶか……先生のご決意一つでござる。この山岡一身に代えてお願い申す」

もう聞いてくれなければ、刺し違えようというほどの、鉄舟の勢いに押されて、遂に西郷は江戸城を明け渡す等の条件で、無血入城を約束したのであった。

このあたりの気合は、剣禅一致の修行をした鉄舟で初めて可能なので、海舟では難しかったであろうと思われる。

有名な西郷と海舟の会見は、三月十三、十四日の両日、三田の薩摩屋敷で行われ、江戸の開城が確定した。山岡鉄舟の敷いた路線の上に乗ったものと見てよかろう。

鉄舟が大悟徹底して、適水《てきすい》和尚から印可（師の僧が弟子に悟道の熟達を証明すること）を受けるようになるのは、明治十三年三月三十日の朝のことであった。ここで彼は剣禅一致の立場から無刀流を開いた。その趣旨は「心の外に刀なし。三界唯一心なり。一心は本来無一物なるが故に、敵に対《むか》うとき、前に敵なく後ろに我なくして、妙応無方、朕跡《ちんせき》（表面に浮き出たきざし）を留めず、これ余が無刀流と称するわけなり」と鉄舟が書いている通り、禅の修行によって、無一物の境地に達すれば、心が即ち刀であるという唯心的な剣である。

また鉄舟は次のようにも書いている。

「無刀流の剣術は、勝負を争わず、心を澄まし、胆を練り、自然の勝ちを得るを要す。無刀とは何ぞや。心の外に刀なきなり。敵と相対するとき、刀によらずして、心をもって心を打つ。これを無刀という」

明治十八年三月、鉄舟は一刀正伝無刀流を名乗った。これは一刀流の開祖・伊藤一刀斎景久の弟子・小野忠明（江戸初期の将軍家指南役）から九代を経て、浅利義明に伝わった一刀流を鉄舟が継いで、一刀正伝を冠したものである。若い頃の鉄舟は浅利の剣にかなわず、夢の中にも浅利が出てきて悩まされたが、無刀流を開いた頃には、浅利の亡霊も消えていたという。


〔参考文献〕『山岡鉄舟』（大森曹玄・春秋社）『山岡鉄舟の一生』（牛山栄治・春風館）『勝海舟』（松浦玲・中公新書）『図説・日本剣豪史』（今村嘉雄・新人物往来社）『日本剣豪一〇〇選』（綿谷雪・秋田書店）『坂本龍馬のすべて』（平尾道雄・久保書店）

榊原鍵吉

綱淵謙錠

人を斬らぬ剣

本山荻舟《もとやまてきしゅう》著『近世剣客伝』(後篇) 所収「榊原鍵吉《さかきばらけんきち》」の冒頭はつぎの場面から始められている。

――

〈四条河原に秋風が立ツて、晩涼《ばんりょう》を追ふ人影も、漸《ようや》く疎《まばら》になる頃だツた。茶店の床几《しょうぎ》に腰をかけて、西山《にしやま》に残る夕焼を眺めながら、大杯《たいはい》を傾けてゐる一人の武士があツた〉

ところは京都・賀茂川のほとり、時は慶応二年(一八六六)初秋。

やがて、その武士が、たまたま通りかかった〈微酔機嫌《ほろよいきげん》〉の三人連れの武士を眺めて、

「生きた刀懸《かたなか》けが通る」

と罵倒《ばとう》した。これを耳ざとく聞いた三人連れは振り返って口論となり、

「問答は無益だ。刀懸けの斬れ味を見い」

と、三人一度に抜き連れて、茶店の武士に斬りかかった。

ところが、こちらの武士は少しも騒がず、「えいッ」と一つ気合をかけると、いつ抜いたともわからぬ刀で〈並べた瓜をでも切る如く〉、ばたりばたりと血煙りを立てて三人三方に斬り倒した。しかも、その武士はにっこり笑いながら、切先から滴《したた》っている血をし

ずかに懐紙で拭《ふ》き終るまで、とうとう床几から一度も腰を上げなかった。

——というのである。そして〈斬ツたのは幕臣の榊原鍵吉で、斬られたのが土佐の浪士といふ事は、後に至ツて知れた〉とある。

もちろん、これは名人とか達人といわれる剣客の伝記によくある、いろどりとしてのフィクションである。榊原鍵吉が〈奥詰《おくづめ》〉という十四代将軍家茂《いえもち》の親衛隊として慶応元年(一八六五)五月に上洛したことは確かだが、かれが京都で人を斬ったという事実はないことは、玉林晴朗《たまばやしせいろう》の「剣客榊原鍵吉」(「伝記」昭和11年5月号より連載四回)でも力説している。

また同じ『近世剣客伝』で、榊原鍵吉が上野の彰義《しょうぎ》隊の戦争のとき、〈刃《やいば》の限り奮戦し、最も多く土州兵を傷つけたと伝へられる〉とか、〈現に上野の戦争の時も、官兵七八人に取巻かれた中で、大上段に振りかぶり、また、くうちに悉《ことごと》く切倒したといふ〉と述べていることにたいしても、玉林晴朗は〈これらは皆鍵吉が強い為に出来た作り話であつて、誤伝である〉と説いている。

玉林に拠《よ》れば、明治になってから鍵吉は夕食の折など、酒を飲むとよくむかし話をしたが、そのときいつも「人など容易に斬れるものではない。おれなど犬一匹斬ったことがない」と語るのを常としていた、とある。

そして上野戦争当時の話を他人から聞かれても、「いや、わしはいまだかつて一度も人を斬ったことがないのだ」といい、「また上野の黒門《くろもん》にしても、おれが手ひとつで緊《し》まるというようなものではない」と語った。

さらに玉林に拠れば、鍵吉が「土佐ぎらいで土佐の侍を目の敵《かたき》にして斬った」などということも、全然根も葉もない話であって、鍵吉の長女ヨシ子刀自《とじ》（田村家へ嫁《か》し、のちに鍵吉の跡を嗣《つ》ぐ）も、「決してそんなことはありません。父が生前さようなことをいったのを、一言も聴いておりません」とはっきり答えた、と報告している。

剣の名人と評判の高い鍵吉に目をみはるような武勇伝を期待する聞き手にとっては、なんとも物足らぬ話であっただろうが、鍵吉はおそらく真実を語っていたはずである。

人を斬らない剣の名人というのは、一見、矛盾のように見えるかもしれぬが、現在のように武道というものが人間の生死問題との直接性を大幅に失った社会ならともかく、江戸時代のように、常住座臥《じょうじゅうざが》、両刀を携えていた武士社会においては、とくにその社会において武術をプロフェッション（職業）とする人間には、人間の生き死にについて深く考えるという心の契機がなければ、単なる人斬りに堕する危険が常に孕《はら》まれていた。武術というものが直接人間の生死にかかわっていたからである。したがって、人殺しの道具を帯びて人殺しの術を学びながら、しかも一人の人間も殺さずに平和に生きる、というのが、武術家ないし剣客の（広くいって両刀を帯びている武士の）教養の基本であった。

たとえば、勝海舟に次のようなエピソードがある。——

文久三年（一八六三）、勝海舟が京都寺町通りで三人の暗殺者に襲われた。するとかれのボディーガードをしていた土佐の岡田以蔵《いぞう》がパッと長い刀を抜いて一人をまッ二つに斬り捨て、「弱虫どもが、何をするか」と一喝《いっかつ》したので、残りの二人は逃げ去った。後日、海舟が以蔵にむかって、「君は人殺しをたしなんではいけないよ」と忠告すると、〈人斬り〉とあだ名された以蔵が「先生、それでもあのとき私がいなかったら、先生の首は飛んでいましたよ」といったので、海舟は一言もなかった、というのである。

これは『氷川清話《ひかわせいわ》』で海舟みずから語っているのだから、実際にあった話にちがいない。そして海舟は「これにはおれも一言もなかったよ」と苦笑いしているが、そのことばの裏を考えてみる必要がある。

いうまでもなく、海舟の父小吉《こきち》は男谷《おだに》家の血を引く剣客で、海舟自身もはじめは本家の男谷信友の道場で剣を学び（したがって、後述のように、榊原鍵吉と同門である）、のち島田虎之助について免許を受けた一流の剣客だったのであるから、このとき岡田以蔵がいなかったとしても、海舟がむざむざその三人の刺客《しかく》に斬られたとは考えられない。

しかし、その海舟が生涯に一度も人を斬ったことがないのは、かれの思想的結論から出た行動である。それが人斬り以蔵にたいする右の忠告となるわけだが、もしこの問答で海舟がほんとうに以蔵にやりこめられたという意識があったならば、これほど気軽にはこの話を口にしなかったはずである。海舟にはそのとき、たとえ自分の不覚悟《ふかくご》で首が飛んだとしても、それはそれでかまわない、という覚悟があるからこそ、そしてそれが武道の極意だという価値観があるからこそ、この話ができたことに注目すべきであろう。それが海舟の教養である。

岡田以蔵の世界はまだ剣における〈技《わざ》〉という相対的世界であり、ほんとうの武術家はもう一つ奥にある、生死を超えた絶対的境地に立ってはじめて、刀という人殺しの道具を自由自在にコントロールでき、相手を殺すことなく無抵抗に帰せしめうるものだ、というのが、そのときの海舟の考えであったと思われる。それはまた、山岡鉄舟のように、〈剣禅一致〉という考えから、無刀流という、刀そのものを持たずに相手を圧服しうる境地に立とうとする立場にも通ずることになる。榊原鍵吉が一流の剣客だったゆえんは、かれのはなばなしい武勇伝にあるのではなく、「一度も人を斬ったことがない」と、素直に語るところにあったのである。

講武所剣術教授方就任

榊原鍵吉の剣名を一躍高からしめたのは、安政三年（一八五六）四月、幕府が築地の佐倉藩主堀田《ほった》備中守《びっちゅうのかみ》正睦《まさよし》中屋敷に講武所を開設したとき、剣術教授方としてその名が挙げられたことである。鍵吉、数え二十七歳。

嘉永《かえい》六年（一八五三）六月、ペリー艦隊の来航によるいわゆる〈黒船ショック〉や、さらに翌安政元年（一八五四）三月の日米和親条約締結による〈開国〉という事態に直面した幕府は、沿岸防備の必要性を痛感し、同時に武士団、とくに幕臣団の軍事的無能力に愕《がく》然《ぜん》とした。

当時の幕府の軍制では、海軍というべきものはわずか船手組（若年寄支配）に属する小船団がある程度で、ペリーやプゥチャーチンの率《ひき》いる外国艦隊を目撃したあとでは、幕府は新たに〈海軍〉を創設するしかなかった。したがって安政二年（一八五五）、幕府は長崎に海軍伝習所を開設してオランダ海軍に学び、やがて文久二年（一八六二）には第一次海軍留学生として榎本釜次郎《えのもとかまじろう》（武揚《たけあき》）らがオランダに派遣され、同時にオランダで軍艦開陽《かいよう》丸《まる》が建造されて、慶応三年（一八六七）、榎本らがそれを回航して帰国する、という経過をたどることになる。

一方、江戸時代のわが国は、一言でいえば〈陸軍国〉であった。武士社会というのは、全員、常備陸軍の将兵とその家族によって構成されていたといってよい。幕府（徳川家）ではその家臣団が〈役方《やくかた》（文官）〉と〈番方《ばんかた》（武官）〉とに大別されるが、その役方にしても戦時体制下の武人であることを本質としていた。したがって、その家臣団全体が一大軍団を構成していたわけであるが、そのうちの平時体制下における直接戦闘部隊として編制された番方、つまり大番・書院番・小姓番・新番・小十人といった諸組はそのほとんどが

〈陸軍〉部隊だったので、〈海軍〉にたいして〈陸軍〉はすでに軍団として存在していたことになる。

しかし、この軍団がはたして黒船来航という危機的状況に直面して、どれだけの軍事的効率を挙げうるのか。長い平和社会の歴史の中で、この幕府軍団は質的変化を来たして、実戦には役立たぬ存在となっているのではあるまいか。その危惧が幕府には大きかったし、実際のところ、安政元年一月に再来航したペリー艦隊が江戸湾深く進入し、幕府への予告通りに、一月二十五日（太陽暦・一八五四年二月二十二日）にジョージ・ワシントンの誕生記念日を祝して全艦隊が一斉に礼砲を発射したときには、その砲声が殷々《いんいん》と江戸城内にまで達し、幕府首脳部から江戸市民にいたるまで不安におびえたが、肝腎《かんじん》の幕府軍団もまた周章狼狽して、実戦には即応しえない弱体ぶりを露呈した。

しかし、幕府首脳部は、日本の軍隊と欧米の軍隊との本質的な違いがどこにあるかについて、明確な知識をまだもちえなかった。たしかにそれまでの情報や経験から、武器、とくに火器の優劣についてははっきりと認識ができていた。したがって砲術は洋式を採用するという方針はすぐに採用された。しかし、軍隊の制度や組織、部隊編制、兵種、指揮官と兵卒といった問題になると、彼我の優劣がすぐには判定できなかった。ただ、いずれにしても、幕臣の一人一人がこの危機的状況を認識して、いままでの泰平に慣れた惰弱な精神を捨て、武術を練磨し、士気を高める必要があることだけは、だれもがすぐに納得した。

そこで幕府直営の武術錬成場を造ることが幕閣の議題となり、勝海舟の『陸軍歴史』によれば、旗本・御家人《ごけにん》の学問に関しては昌平黌《しょうへいこう》という学問所があるのだから、武術のほうでもそれに相当するものを造るのが時代の要請に応《こた》えるものであるというので、安政元年から準備が進められ、まず浜御殿内に〈校武場〉を建てる計画から始まって、〈講武場〉と改名され、それが築地の堀田備中守（当時老中）の中屋敷（それ以前は紀伊家下屋敷。現在の中央区築地六丁目、晴海通りと波除《なみよけ》神社のあいだ一帯）に建てられて〈講武所〉と命名され、将軍のお成《な》りを仰いで正式に発足したのが安政三年（一八五六）四月十三日であった。もっとも『続《しょく》徳川実紀』「温恭院殿（十三代家定）御実紀」では、将軍家定が講武所にお成りになり、その後、浜御殿におもむいたのは四月三日とある。あるいは御実紀のほうが正しいかもしれない。

発足当時の講武所の教科課目は、剣術・槍術・砲術（洋式）・弓術・馬術・柔術・水泳等であった。そしてその稽古人は〈諸御役人はじめ御旗本、御家人ならびに倅《せがれ》、厄介《やっかい》（他家に食客《しょっかく》となっている者）等に至るまで、有志の輩《やからまか》罷り出で、真実に修行いたさるべく候〉と開所の「布告」にもあるように、番方はもちろん、役方の者も無役の者と同様に、自分の都合のよいときに講武所へ出向いて、武術の教育ないし再教育を受けよ、というわけである。

前掲「温恭院殿御実紀」安政三年三月二十二日の記載によれば、この日、〈講武所御創建に付〉槍術・剣術・砲術の教授方の任命があり、槍術は神保平九郎以下十名、砲術は植村帯刀《たてわき》以下十四名とともに、剣術は次の十一名が列挙されている。――

戸田八郎左衛門・本目《もとめ》鑓次郎《やりじろう》・今堀《いまぼり》千五百蔵《ちいおぞう》・松下誠一郎・三橋虎蔵・近藤弥之助・榊原鍵吉・伊庭《いば》惣（想？）太郎・井上八郎・藤田泰一郎・松平主税之助《ちからのすけ》

このうち、本目鑓次郎は鍵吉と同じく男谷精一郎《おだにせいいちろう》信友の門人である。男谷精一郎はすでに安政二年二月に〈講武場頭取〉に任命されていた。

ちなみに、この教授方任命と並んで、〈頭取〉として下曾根金三郎・江川太郎左衛門（英敏）・勝麟太郎（海舟）の三人が新たに任命され、同年五月六日付で男谷精一郎が〈講武所剣術師範役〉を仰せ付けられている。

なお、日付ははっきりしないが、『陸軍歴史』では剣術教授方として次の十人の名が挙げられている（玉林晴朗によると、これは安政四年頃のものではないか、という）。――

松平主税助《（ママ）》・藤田泰一郎・三橋虎蔵・小野鉄太郎（のちの山岡鉄舟）・榊原鍵吉・間宮鉄四郎・伊庭想太郎・戸田久次郎・湊信八郎・石坂晋三郎

いうならば、鍵吉は当時の江戸における剣客のベスト・テンに入ったわけで、鍵吉の喜びもさぞ大きかったことであろうと想像される。かれが講武所の教授方として出るようになって間もなく、男谷精一郎の世話で、幕臣三橋岩次郎の娘タカと結婚したのも、かれの生活が保証され、前途も洋々たるものがあると嘱望《しょくぼう》された結果であろう。

男谷の道場は本所亀沢町にあったが、三橋家はその近くの緑町にあり、しかも両家は親戚関係にあった。というのは、男谷家は勝海舟の父の小吉（本名・左衛門太郎惟寅《これとら》、号・夢《む》酔《すい》）の実家であり、小吉の娘、つまり海舟の妹はなが三橋岩次郎の妻となっていたからである。したがって鍵吉とタカの結婚は、鍵吉と海舟とを、さらには男谷家とも親戚関係として結びつけたわけだ。

男谷道場入門

榊原鍵吉友善《ともよし》は天保元年（一八三〇）十一月五日、江戸、根岸の御行《おぎよう》の松《まつ》の近くにあった父の屋敷で生まれた。父は榊原益太郎友直《ともなお》といい、現米《げんまい》八十石を給わる下級の幕臣だったが、早くから小普請《こぶしん》入り（無役）となっていた。

榊原家は初代源右衛門友興《ともおき》が徳川家に御徒士《おかち》として仕えて以来、各代盛衰はあったものの、益太郎友直で九代目を数えていた。益太郎は小禄なりとはいえ直参《じきさん》の身であり、召使の一人や二人は置こうと思えば置けない身ではなかったが、他所に妾を囲っていたりしたため、生活は殊《こと》の外《ほか》苦しかったらしく、一僕一婢すら置かれなかったという。

鍵吉はその正妻のほうの長男で、弟に勝次郎、鉎《せい》三郎の二人がいたが、妾腹のほうにも慎次郎、鉄五郎をはじめ、何人かの弟妹がいた。したがって、榊原家の内情はかなり複雑なものがあったようである。

鍵吉が男谷精一郎の道場に入門したのは天保十三年（一八四二）、数え十三歳のときだったといわれる。

玉林晴朗の「剣客榊原鍵吉」によれば、鍵吉の父の益太郎は妾狂《めかけぐる》いなどはしていたが、剣術は相当に使ったらしく、晩年までも庭でよく居合いをやっていたとある。その益太郎がはじめ鍵吉のために選んだ師匠は、下谷の車坂《くるまざか》に道場を開いていた直心影《じきしんかげ》流の井上伝兵衛であった。根岸から車坂までなら、子供の足でも近距離である。

現在、車坂といえば、台東区上野七丁目から上野公園にのぼる車道を車坂口と呼んでいるが、本来の車坂は、幕末の切絵図によると、上野山内の文殊楼《もんじゅろう》と根本《こんぽん》中堂のあいだから凌雲院の傍を西北へ下り、明静院と顕性院のあいだをくだる坂で、明治十六年（一八八三）、この辺一帯が上野駅建設用の敷地となったために失われたという。

その井上伝兵衛が、鍵吉が九歳の天保九年（一八三八）十二月二十三日の夜四ツ刻《どき》（午後十時）、駿河台のある屋敷に茶会に招かれた帰り途、御成《おなり》街道で暗殺されるという事件が起きた。

ちょうど小雨が降っており、伝兵衛は片手に傘、片手には茶器の入った箱と提燈《ちょうちん》をさげていたという。それに茶会で出された酒に酔っていたとはいえ、伝兵衛ほどの剣客がみすみす殺されるとは、と、当時の話題となった。

伝兵衛は肩先と脇腹を斬られ、一度はその場に倒れたが、刀を杖に立ち上がって自身番屋に転《ころ》がりこみ、「車坂の井上だ」と名乗って絶命した。

この事件で鍵吉の入門は取り止めとなり、それから四年後に同じく直心影流の男谷精一郎の門に入ったわけだが、生前、伝兵衛が男谷を高く評価していたことを知っている益太郎は、伝兵衛が死んだからには男谷以外に鍵吉の師とするに足る剣客はいない、と心に決めたのであろう。しかし、当時、男谷の道場は麻布狸穴《まみあな》にあったので、さすがに子供の足では狸穴までの片道三里（一二キロ）の道は遠すぎると考え、鍵吉が十三歳になるまで入門を待っていたのかもしれない。

井上伝兵衛が男谷精一郎を尊敬していたことを物語る、次のようなエピソードがある。

豊前《ぶぜん》（大分県）中津藩士島田虎之助は九州一円を武者修行して歩き、もはやかれに敵する者がいないので、天保八年（一八三七）、数え二十七歳のとき江戸へ出て、男谷精一郎の剣名を聞いて本所亀沢町の団野真帆斎《だんのしんぱんさい》の道場を訪れた。当時、男谷は団野に直心影流を学んでその奥義に達し、狸穴に自分の道場を経営するとともに、団野道場もまかされていた。

幕末の〈剣聖〉といわれた男谷精一郎は柔和温厚な人物で、精一郎が家内の者を叱責した声を聞いた者がない、とまでいわれた。年齢は島田の十三歳年長で、このとき四十歳。流派にこだわらず、どんな他流試合にも応じたので、島田とも手合わせをした。

ところが、精一郎は少しも緊張せず、力もこめて来ない。日頃門人たちを相手にするような調子で島田に対した。島田にはそれが不満で、半ばあなどり、「これが江戸一といわれた男谷の剣か」と、いい加減なところで竹刀を引いてしまった。

子母沢寛《しもざわかん》は「男谷下総《しもうさ》の剣」という随筆の中で、精一郎の試合ぶりを次のように説いている。——

〈大体、下総守という人は荒い勝負は嫌いだった。その頃は滅多《めった》に他流試合などは無い時代だが、望む者があれば快くこれを承諾して竹刀《しない》をとった。が、三本勝負の中に、必ず一本は対手《あいて》にとらせる。そして二本は、実に気軽にぽんぽんと取って終《しま》うのである。免許の弟子とやる時も、一本はとらせて呉《く》れる。もう一と息詰めれば、もう一本いただけるかも知れない。よし、おれこそは二本打ち込んで、同門を驚かしてやろうというので、はあはあ言って打ち込むが、もうほんの一と息というところで、やっぱりその先きには行けない。

みんな口惜《くや》しがって、

「一体家《うち》の先生はどれだけ強いのだろう」

と首をふったものだという。〉

このときの島田に対しても、同じような応対ぶりだったのであろう。荒行《あらぎょう》で鍛えてきた島田には、何とも馬鹿にされた思いだった。そこで井上伝兵衛の道場を訪れることにした。もちろん、「男谷であれだから、どうせ井上も知れたものだろう」という気持だった。

ところが立ち合ってみると、てんで勝負にならなかった。ついには羽目板に押しつけられて、見事に胴をとられてしまった。直情径行の島田は、その場で入門を願い出た。すると伝兵衛は笑って、「わたしくらいの者は江戸にはたくさんいる。師を選びなさい」といって、男谷精一郎を推薦した。驚いたのは島田である。そこで男谷との手合わせの模様を話すと、伝兵衛は「それはあなたが未熟だからだ」と諭《さと》し、あらためて紹介状を書いてくれた。

その紹介状を持った島田は、それから何日かたって、しぶしぶ亀沢町の道場を訪れ、もう一度精一郎と立ち合った。

立ち合って、わが眼を疑った。いま眼の前にいる男谷が、先日手合わせした人間と同一人物とは思われなかった。先日はやすやすと打ち込みえたのに、きょうの相手は打ち込むどころか、その気魄《きはく》に射《い》すくめられて、文字通り手も足も出ず、油汗がにじみ出るだけ。ついにはその場へ平伏してしまった。

こうして島田ははじめて真の師匠にめぐりあったわけだが、子母沢寛によると、島田が男谷のところに入門したのは〈天保九年二月七日で、尋常の人は一年で「霊剣《れいけん》」、二年目で「切紙《きりかみ》」、三年目で「目録《もくろく》」。免許は容易でないのだが、この人だけは一カ月足らずで、免許皆伝となっている。〉とある。

刻苦の青春

鍵吉が男谷精一郎の道場に入門したのは天保十三年（一八四二）正月十一日だった。それから修行七年、嘉永二年（一八四九）正月十二日に免許皆伝となっている。数え二十歳であった。

入門の年の十月、鍵吉は母を失っている。父の益太郎は妾のために外泊がちだったせいか、鍵吉は父よりも母を慕い、孝養の限りを尽くした。「病床の母にはカシワのソップ（鶏肉のスープ）が良い」と医者にいわれ、鍵吉少年は下谷じゅうを探し歩いたがカシワが入手できず、その後間もなく母は死んだので、「おれは一生カシワは食わぬ」と誓って、生涯その誓いを守ったといわれる。

前にも述べたように、榊原家には召使が一人もいなかったので、長男の鍵吉が下男下女の仕事をすべてしなければならず、しかも根岸から狸穴の道場まで通うためには、朝まだ暗いうちに起き出して飯を炊き、味噌汁をつくってから弟たちを起こし、かれらの着物や食事の世話をすませるともう道場へ行く時間が遅くなってしまうので、自分の食事をとる暇もなかった。そこでやむなく、毎日飯を炊いたあとの灰の中に薩摩芋を埋めておき、その焼きいもを懐《ふところ》にして根岸の家を飛び出すのを常とした。

昭和十一年、鍵吉の長女ヨシ子刀自《とじ》（当時七十五歳）にインタビューした玉林晴朗は、ヨシ子刀自が生前父の鍵吉から聴いた話だといって、「父が男谷道場に入門したころ、道場の帰りにセッセと歩いて来ても、浅草の観音様の前まで来ると日がトップリと暮れたそうです」と語っていたことを紹介している。そして玉林は、麻布狸穴から根岸に帰るのに浅草の観音様というのはその道順がどうであろうか、と疑問を呈し、もし浅草観音前を通ったことを主とすると、まだこのときには本所亀沢町に男谷の道場があったころではないであろうか、といっている。

しかし、男谷精一郎が麻布狸穴に道場を持つ以前に、本所亀沢町に男谷の道場があったかどうか疑問である。

精一郎は親戚の男谷彦四郎思考《ことたか》（燕斎《えんさい》、勝小吉の長兄）の婿養子となり（彦四郎の次女鶴と結婚）、彦四郎の屋敷は本所亀沢町にあったことは確かだが、精一郎は同じ町内の団野道場に入門している。そしてその団野道場を師の真帆斎《しんぱんさい》からまかされたのは文政年間といわれ、実際に譲られたのは真帆斎の死んだ安政元年七月であるから、鍵吉が入門したころは、精一郎は麻布狸穴の自分の道場と、本所亀沢町の団野道場と、両方で門人に稽古をつけていたのではあるまいか。したがって鍵吉は、師匠が狸穴にいるときは狸穴に、亀沢町に出向くときには亀沢町に通い、浅草の観音様の前を通るのは、その亀沢町に通ったときの記憶ではないであろうか。

いずれにしても、まだ数え十三歳の少年が剣で立つことを決意して、稽古に打ちこんでいる姿は感動的である。

鍵吉は師の精一郎にたいへん可愛がられたようである。鍵吉が入門して三年目の弘化二年（一八四五）に精一郎は妻を失っている。その後精一郎は再婚せず、家事は一切召使に委《ゆだ》ねて、金銭の出入りを問うことなく、物欲まことに恬淡《てんたん》たるものがあった。鍵吉が生涯その衣食住に極めて無欲だったのはその感化だといわれる。また、温情深い精一郎は妻を失ったのち家庭の不自由さを感じ、それがひとしお母のない鍵吉にたいする愛情を深めたようでもある。

家事の水仕事で手はあかぎれとなり、寒中でも粗末な着物一枚で一日も休まずに通って来る鍵吉の姿をみて、

「わざわざこんな遠くまで来なくとも、下谷辺にも道場はあるだろう。近くの道場に替ってはどうだ」

と精一郎が親切にいうと、鍵吉は子供ながらも毅然とした態度で、

「わたしは二人の師には仕えません。倒れるまで通います」

と答えたので、精一郎も深く感動した、という話が遺《のこ》っている。

ただし、精一郎の性質は温厚寛大であったにしても、稽古そのものは極めて厳しかったといわれる。

だいたい、直心影流というのは、元禄時代の剣客、一風斎山田平左衛門光徳《みつのり》を流祖としているが、その一風斎の時代からすでに皮具・頬当《ほおあて》・竹刀など防具の改良に着手し、その三男である長沼四郎左衛門国郷《くにさと》が父に学んでその奥義を極め、嫡伝《ちゃくでん》二代目を継ぐと、面や籠手《こて》も完成し、防具による実戦式稽古が評判となって、入門者が増えた。したがって江戸末期になって、嫡伝十二代の団野源之進義高（真帆斎）や同じく十三代男谷精一郎信友の時代になっても、他流の多くがまだ組太刀による型稽古を中心としていたのにたいして、直心影流は防具を用いた、実戦を主とする打合い稽古を特長とし、他流試合にも応じた。

精一郎の門人で、鍵吉の先輩にあたる島田虎之助に学んだ勝海舟が、「自分が本当に修業したのは剣術ばかりだ」といって、父の小吉のいいつけで島田虎之助について剣術修業をした話をしている（『氷川清話』）。それによると、——

〈この人（島田虎之助）は世間なみの撃剣家とは違ふところがあつて、終始、「今時みながやり居る剣術は、かたばかりだ。せつかくの事に、足下《あなた》は真正《ほんとう》の剣術をやりなさい」といつて居た。

それからは島田の塾へ寄宿して、自分で薪水《しんすい》の労を取つて修業した。寒中になると、島田の指図に従ふて、毎日稽古がすむと、夕方から稽古衣一枚で、王子権現《おうじごんげん》に行つて夜稽古をした。いつもまづ拝殿の礎石《そせき》に腰をかけて、瞑目沈思《めいもくちんし》、心胆を練磨し、しかる後、起《た》つて木剣を振りまはし、更にまた元の礎石に腰を掛けて心胆を練磨し、また起つて木剣を振りまはし、かういふ風に夜明まで五、六回もやつて、それから帰つて直ぐに朝稽古をやり、夕方になると、また王子権現へ出掛けて、一日も怠らなかつた。〉

海舟はこの猛稽古のおかげで、幕府瓦解のさいの艱難辛苦《かんなんしんく》にも堪えた、と述懐し、〈ほんにこの時分には、寒中足袋《たび》もはかず、袷《あわせ》一枚で平気だつたヨ。暑さ寒さなどいふことは、どんな事やら殆《ほと》んど知らなかつた。ほんに身体は、鉄同様だつた。今にこの年になつて、身体も達者で、足下《あしもと》も確かに、根気も丈夫なのは、全くこの時の修業の余慶《よけい》だヨ。〉

と話を結んでいる。

これがおそらく男谷道場の稽古ぶりであり、鍵吉は毎日ヘトヘトになるまで激しい稽古を続けたはずである。鍵吉が晩年まで道場での稽古が猛烈だったのは、その流れである。

こうして鍵吉は精一郎の推輓《すいばん》で講武所剣術教授方に抜擢《ばってき》されたのであった。

将軍家茂との交流

将軍家定《いえさだ》のお成りもあって、はなばなしくスタートしたかにみえた講武所も、日がたつにつれて次第に稽古に通う幕臣の数も減り、番方の与力・同心などにしても、平常の勤務に追われて、月のうち三、四日しか出席できない状態で、実戦に役立つ者を十分に教育できるという見通しも立たないままに、その前途は先細りの心配があった。

つまり、この制度は幕臣の自発性による武術の練磨であり、講武所へ通ったからといって、それがそのまま地位の昇進につながるといった性質のものではなかった。これでは旗本や御家人たちの講武所通いも永続きするのは難かしかった。講武所への出席が軍隊勤務のような義務付けの性格を持ち、したがってそこでの成績がすぐに自分のポストにはねかえるようなシステムが最低限必要であった。

幕府軍制内における講武所の立場の曖昧《あいまい》さが、〈開国〉後の時代の流れとともにはっきりして来た。講武所の機能になんらかの変化が必要になるのは自然の成行きだった。

たまたま幕府海軍のほうはオランダ海軍からの独立が目指され、安政六年（一八五九）二月、長崎海軍伝習所を閉鎖して、築地に軍艦操練所が開設されることになった。そこでいままでの講武所の土地をそれにあて、講武所を小川町《おがわまち》に移転することにした。小石川御門と水道橋のあいだの、当時、牧野備前守忠恭《ただゆき》（越後長岡藩主）の上屋敷のあった土地に、近隣の旗本屋敷地を加えた一万三千余坪の土地である（現在の中央線水道橋駅前、千代田区三崎町二丁目付近一帯）。

新しい講武所が大老井伊直弼《なおすけ》以下の幕府最高幹部の出席をもって発足したのは、安政七年（一八六〇）二月三日であった。その井伊大老がそれからちょうど一か月後の三月三日に桜田門外で非業《ひごう》の死を遂げ、安政は〈万延《まんえん》〉と改元された（三月十八日）。いよいよ幕末の風雲は動き出したのである。

井伊大老の死後、幕府はそれまでバラバラに集まってきていた講武所修業人を非常の際の纏《まと》まった武力として使おうとし、水戸藩の過激攘夷派が暴発する恐れがあるというので、横浜港一帯を警備するために講武所稽古人のうちから選抜して、幕府軍艦に乗り組ませることを発令している（閏三月四日）。発令者は老中安藤対馬守《つしまのかみ》信正である。

ここで使用される軍艦は、当然、軍艦奉行の指揮下に軍艦操練所の教授方や修業生が動かすわけで、ここではじめて軍艦操練所という、いわば幕府新設の〈海軍〉と、その海軍に較べるとまだその性格ははなはだ流動的ながら、講武所という、これも新設の〈陸軍〉とが、共同作戦をすることになるのである。

つぎに、開港地警備とともに講武所臨時泊り番ということが発令されている（閏三月八日）。

これは弓術・槍術・砲術・小銃の各師範役・教授方・世話心得・修業人総計五百六人を、それぞれ三組（一番頰《ほお》から三番頰まで）に分けて、非常に備えて講武所に泊まりこませるというもので、修業人のうち番方勤務についている者は、その本来の役務である番方の泊り番その他の仕事は免除して、講武所泊り番のほうを優先させるといっているのが注目される。

『陸軍歴史』によると、この講武所泊り番の中に、剣術三番頰の教授方として榊原鍵吉の名が挙げられている。

幕府首脳部は、旧軍制の番方という制度がすでに形骸化し、現実の戦争という事態にたいしてはほとんど無意味な勤務となっていることを次第に認識し出したようである。したがって、講武所で組織する武芸者集団のほうがいざというときの役に立つと判断し、新設〈陸軍〉を旧制〈陸軍〉にとって替らせようと計画するが、やがてそれには限界のあることを認めざるをえなかった。講武所軍団を量的に増やすとなれば、旧軍制の番方に属する優秀な番衆や与力・同心がみな講武所軍団に引き抜かれて、番方制度は崩壊するしかないからである。そうかといって、幕府には旧軍制を全廃し、講武所を中核とした新しい軍制を確立するほどの決意も構想もなかった。

また、旧軍制においては、講武所の男谷精一郎や伊庭軍兵衛・榊原鍵吉、あるいは高橋謙三郎（泥舟）といった剣や槍の名人・達人といわれる人々でさえも、実戦における幕府軍の指揮官にはなりえなかった。それは幕藩体制の本質の一つである世襲門閥制に乗っかった上級幕臣が勤めることになるわけで、これも講武所というものの性格を曖昧にさせる大きな要素であった。

結局、このような矛盾は講武所を高度な武術の専門家集団とする方向で解決するしかなかった。文久元年（一八六一）四月四日、講武所の武芸者六十名が将軍家茂《いえもち》の親衛隊である〈奥詰〉を仰せ付けられたのは、その現れである。鍵吉もその一人に選ばれたことはいうまでもない（「昭徳院殿（家茂）御実紀」）。

また『陸軍歴史』によれば、文久元年五月十六日付で、〈講武所諸術師範役、同並《なみ》とも、向後《きょうご》御役名と心得べき旨仰せ出さる〉とあり、鍵吉も師範役並となったが、これなども、それまでそれぞれ本務を持ったままで講武所へ出向いていたのが、これからは講武所師範役ないし師範役並として、それに専念すべき幕府の独立した役職となった、と見るべきであろう。

〈奥詰〉時代の鍵吉のエピソードとして、将軍家茂との交流について次のような話がある。


――


文久元年、家茂はまだ数え十六歳の少年である。家茂にとっては身の丈六尺近く（約一八二センチ）、重量十九貫を超え（約七一キロ）、上膊《じょうはく》の太さが一尺八寸もあった（約五五センチ）といわれる、見るからに豪傑風の鍵吉に、少年らしい興味もあったのであろう。ある日、鍵吉が奥に詰めているとき、あまり陽気がよいのでついゴロリと大の字に寝て、大《おお》鼾《いびき》をかいているところを家茂に見つけられ、ハッと目を覚ましたが、家茂はニコニコ笑って、「さすが英雄豪傑の昼寝は違ったものだ」と感心しているので、鍵吉も頭を掻いて閉口したという。

また、あるとき、御浜御殿に家茂がお成りになり、鍵吉も供をしたが、突然家茂が「鍵吉の釣った魚が食べたいぞ」と言い出した。鍵吉の不器用さを知っていたからである。

困った鍵吉は、それでも近侍の者たちと釣糸を垂れたが、他の者には釣れても、鍵吉の糸には一匹もかかって来なかった。家茂は茶目けを出して、「鍵吉の魚はまだか、まだか」と矢の催促なので、鍵吉も冷汗を流して焦《あせ》ったが、それで魚が釣れるものでもない。困りはてている鍵吉に同情した近侍の者が、自分の釣った魚を鍵吉の魚籠《びく》に入れてやり、「早く、早く」と鍵吉をせきたて、その魚を家茂の前へ持って行き、鍵吉の釣った魚だと披露した。

家茂は喜んでお褒《ほ》めのことばをかけ、「さっそく料理させよ」と近侍の者に言いつけると、鍵吉は「お待ちくだされ。その魚はそれがしの釣ったものではござりませぬ」と、正直に答えてしまった。すると家茂はかえってその答えを喜び、時服《じふく》と見事な軸《じく》を一幅、鍵吉に賜った。

悲嘆の日々

文久二年（一八六二）二月十一日、将軍家茂と皇女和宮《かずのみや》の婚儀の式が挙げられ、〈公武一和〉が幕府の政治スローガンとして掲げられた。その結果、家茂は心ならずも三度も上洛しなければならぬ羽目に陥り、上洛のたびに幕威は失墜し、幕府は瓦解へと大きく傾いた。

第一回は文久三年（一八六三）二月から六月まで。鍵吉たち〈奥詰〉は当然将軍に供奉《ぐぶ》して上洛した。鍵吉三十四歳。

江戸へ帰ってしばらくした十月三日、鍵吉は両御番上席二百俵に昇進、さらに十二月には二ノ丸御留守居格布衣《ほい》（六位）三百俵を仰せ付けられた。

この十二月二十七日に家茂は第二回目の上洛の途につき、翌元治元年（一八六四）五月二十日に江戸に帰った。往復ともに勝海舟の指揮する軍艦翔鳳丸《しょうほうまる》で海路をとった。

帰府して二《ふた》月ほどした七月十六日、鍵吉の恩師男谷精一郎信友が死去。六十七歳であった。榊原鍵吉を主人公とした子母沢寛の歴史小説『遺臣伝』では、――

〈大樹公《しょうぐんけ》二度目の上洛のお供をして、講武所方が京にいる間に、この前からすでに病気で江戸に残って床についていた男谷先生が遂いに六十七歳でお亡くなりになった。

鍵吉は元より本目先生も柏木大助も京の宿舎にこの知らせを受けて、悶絶する程、声をあげて泣いたが、どうする事も出来なかった。

江戸へ帰って、鍵吉は車坂の屋敷にも寄らず、その足でその夜から一食もとらずに、先生を葬った深川増林寺の先生の墓碑の前に両手をついて、その臨終にお目にかかれなかった事の口惜しさをかき口説きつづけた。〉

とあるが、日時の上からでは男谷の死は将軍家茂の帰府後にあたる。

この年、鍵吉は講武所師範役並の〈並〉がとれて、師範役となった。講武所剣術の押しも押されもせぬ第一人者である。三十五歳。

家茂《いえもち》が三度目の上洛で江戸を出発したのは翌慶応元年（一八六五）五月十六日であった。このたびは長州再征のための〈御進発〉である。鍵吉もまたこれに供奉したが、家茂は翌慶応二年（一八六六）七月二十日、大坂城で病没した。脚気衝心《かつけしょうしん》（脚気に伴う心臓障害）である。数え二十一歳の若さであった。

八月二十日、家茂の喪《も》が発表され、九月三日、その遺体は幕府軍艦ドンバルトン号（のちの長鯨丸）で大坂の天保山沖を出帆、六日江戸城帰還、同月二十三日、増上寺山内に葬られた。鍵吉の悲嘆は大きかった。

しかも、この年の十一月十八日、陸軍の軍制改革が進み、旧軍制と新軍制の中間的な性格を持っていた小川町講武所が廃止されて、陸軍所となった。陸軍所では〈御旗本、御家人の面々、同所へ罷《まか》り出《い》で、砲術修行候様《そうろうよう》いたさるべく候〉と、その教練内容が〈砲術〉一種目に限定された。その結果、同日付《どうじつづけ》で、講武所師範役であった槍術の平岩駿河守〈次郎太夫〉・加藤平九郎・高橋伊勢守（謙三郎）・勝与八郎、剣術の伊庭軍兵衛・三橋虎蔵とともに、榊原鍵吉も遊撃隊頭取《とうどり》に任命されている。

〈遊撃隊〉とは、はじめから攻撃目標を予定せず、戦列外にあって臨機応変に味方を援護する別働隊をいう。つまり、剣も槍ももはや近代戦の主力ではない、という認識に立った軍制内の位置づけであった。文久二年九月、教科課目から弓術や柔術・水泳を削った講武所が、さらにかつてはその中心課目であった剣と槍をも削って、陸軍所に脱皮したのである。それが洋式軍制を導入しようとする、時代の流れであった。

慈父のような恩師男谷精一郎を失い、敬愛する将軍家茂に先立たれ、さらにいままた講武所の廃止に遇《あ》うという現実に直面した鍵吉は、あらゆる世俗的栄達を捨てて町道場を開き、剣術の修行に生涯を捧げる決心をした。

さいわい鍵吉の知己に仙波《せんば》（現・埼玉県川越市）の喜多院住職円中僧正がいた。鍵吉がまだ少年のころ、すぐ下の弟の勝次郎を、そのころ上野寛永寺の子院《しいん》である吉祥院の住職をしていた円中にあずけて、寺小姓にしてもらって以来のつきあいである。

その円中僧正の好意で三百両という大金を都合してもらった鍵吉は、当時住んでいた車坂の屋敷内に道場を造った。そしてまず道場の正面に〈征夷大将軍家茂公〉と大きな金文字の額を掲げ、その奥に家茂の木像を安置してその前に簾《すだれ》を垂れ、毎日みずから礼拝し、また道場に足を入れる者には、鍵吉に挨拶する前に、その木像に礼拝することを要請したといわれる。

家茂の死後、一橋慶喜《ひとつばしよしのぶ》が徳川宗家第十五代を嗣《つ》ぐことになったとき、家茂びいきの鍵吉は「家茂公のご遺志は田安亀之助君《ぎみ》におありだった」と大憤慨したといわれるが、その怒りもまた鍵吉を隠栖《いんせい》的な気持にさせる一因だったかもしれない。

その慶喜が慶応三年（一八六七）十月十四日に〈大政奉還〉をし、年が明けた慶応四年

（一八六八）早々、鳥羽・伏見の戦いに幕軍が敗れると大坂城から江戸へ逃げ帰り、二月十二日、上野寛永寺の大慈院に謹慎して、新政府への〈絶対恭順〉を表明した。

慶喜嫌いの鍵吉には、すぐ近くの上野の山に立て籠った彰義隊に力を貸す気はさらさらなかった。時勢の赴くところもよく見えていた。ただ、恩義のある円中僧正から頼まれていたことが一つあった。「もしも上野に事あるときは、どうか輪王寺宮《りんのうじのみや》様をお護り申し上げてくれ」というのである。鍵吉はそれを引き受けた。

四月十一日、慶喜は寛永寺を出て水戸に退隠し、江戸城は東征大総督府に明け渡されて、徳川幕府は名実ともに瓦解した。

上野戦争勃発

慶応四年五月十五日、上野の戦争が起きたとき、鍵吉はただちに身支度をし、日頃愛用の備前近貞《ちかさだ》の朱鞘《しゆざや》の刀を帯び、黒地の陣羽織を着、六尺の手槍をひっさげて、車坂の家を雨の中に飛び出した。円中僧正と約束した日光・東叡《とうえい》両山御門主《ごもんしゆ》輪王寺宮公現法親王《こうげんほうしんのう》（のちの北白川宮能久《よしひさ》親王）をご守護するためである。

途中、馴染《なじ》みの中条《ちゆうじよう》という酒屋に立ち寄り、一升枡になみなみとついだ酒を一と息に呑み干したうえで、下寺《したでら》の脇から屏風坂《びようぶざか》を登って、輪王寺宮のいる御本坊へ駈けつけた。

その跡を追って、道場にいた門人たちも山内《さんない》へ登った。

森鷗外著『能久親王事蹟』によれば、――

〈宮（輪王寺宮）は是日《このひ》の朝、例の如く升堂看経《しょうどうかんきん》せさせ給へりしに、銃砲の声聞え来ぬれば、昵近《じっきん》のものども下堂《げどう》せさせ給はんことを請ひぬ。されど宮は看経全く畢《おわ》りて後下堂せさせ給ひぬ。（中略）既《すで》にして銃丸《じゅうがん》本坊の瓦《かわら》を撲《う》つ。表詰《おもてづめ》の士御動座を請ふこと頻《しきり》なり〉

そこで宮は墨染《すみぞめ》の麻《あさ》の法衣《ほうえ》に手甲脚絆《てっこうきゃはん》、白足袋《しろたび》に草鞋《わらじ》ばき、頭には網代笠《あじろがさ》といったいでたちで御本坊を立《た》ち退《の》かれた。〈榊原鍵吉、松平康年《やすとし》、大江紀《おおえただす》等門外を警衛す〉とある。上野の山を脱れ出た宮は、根岸の麻生将監《あそうしょうげん》の家に立ち寄られたが、これ以上武装した侍が随《したが》っていてはかえって人目につくというので、〈諭《ゆ》して辞し去らしめさせ給ふ。榊原、松平等もこれより別れ去りぬ〉。その後、宮は三河島方面へ落ちていかれた。

この上野脱出のさい、雨の中を歩き悩む輪王寺宮を鍵吉が背負い申し上げた、という話が遺っている。後年、お召しにより鍵吉が北白川宮家へ伺候《しこう》したとき、能久親王は当時のことを回想して、「お前に背負われたときは、松の大木につかまったようであった」と、懐かしそうにお笑いになったという。

また、奥羽へ落ちられた輪王寺宮が会津若松の城で江戸を懐かしがっておられると聞いた鍵吉は、江戸で名代の海苔《のり》を十帖《じょう》ほど自分で吟味して、下僕に命じて会津まで届けさせた。これを喜ばれた輪王寺宮は、さっそく請書《うけしょ》代りだといって、一尺あまりの唐紙《とうし》に〈行義（義を行う）〉と書いて鍵吉へ賜った。それがずうっと後まで榊原道場に掲げられていたという。

上野の戦争がたった一日で終って九日後の五月二十四日、新政府は田安亀之助（のちの徳川家達《いえさと》）に徳川宗家第十六代を嗣《つ》がせ、駿河国府中（現・静岡市）の城主として領地高七十万石を与える、と発表した。八月九日、六歳の徳川亀之助が駿府へ発って行った。鍵吉もそれに随って駿府へ移住したが、明治三年（一八七〇）の夏には東京へ帰り、車坂の道場を再開した。

しかし、世の中はすでに大きく変わっていた。道場に通って来る門人たちもめっきり減ったし、しかも謝礼を払わない、あるいは払えない門人も増えていた。鍵吉はそれを別に責めもせず、持って来れば受け取るという風であった。当然、鍵吉の生活は日に日に苦しくなって行った。

鍵吉を用いようとする口がないわけではなかった。たとえば、明治四年（一八七一）に新政府は邏卒《らそつ》三千人を募集して東京府下の警備に当て、鍵吉にその剣術師範をしてくれといってきたが、鍵吉にはもはや宮仕えに出る気はなかった。「そういう仕事は若い者にどうぞ」といって、勝次郎の下の弟の大沢鉎三郎を推薦して、自分は断った。この年、鍵吉はまだ数え四十二歳であった。

そのころの話らしいが、政府では剣術の普及にたいする永年の功績を賞して、鍵吉に位階を賜ることとなり、係官のあいだで協議されていたが、たまたまその話を聞いた岩倉具視《ともみ》が「あの男は受けはしないから、遣《や》らぬほうが良いだろう」といったので、沙汰止みとなった。のちにその話を耳にした鍵吉が、「岩倉さんという人は偉いお人だ。位階なんかもらっちゃ窮屈でたまらんよ」と笑ったといわれるが、それは負け惜しみではなく、鍵吉はそんな堅苦しいことが大嫌いな男であった。そして、それを岩倉までが知っているほど、鍵吉の人柄は一般に知られていたわけである。

それに鍵吉は人に頼まれると「嫌」といえない性格だった。遠国から鍵吉の名を慕って来る者の多くは裸《はだか》同然だったので、鍵吉はいつもそれらの者の面倒を見ることになり、家人が「そんなことをしてわが家の暮らしはどうなります」といっても、知人の紹介で頼まれると、「帰れ」とはいえないのが鍵吉の常だった。そういった門人や食客が道場にはたくさんいた。それをなんとか金を都合しては食わせていた。

ついに鍵吉が道場に「売家」の札を出す日が来た。驚いたのは鍵吉を贔屓《ひいき》にしている新門辰五郎である。さっそく鍵吉の家に飛んで来て、「いかに武術がすたれたとはいえ、先生の道場が売り物に出るとは……」と男泣きに泣いて、「どうか思いとどまってください」と懇願した。

そこで道場の売立てを中止した鍵吉が、今後どうするかで辰五郎や門人たちと協議した結果生まれたのが〈撃剣会《げっけんかい》〉という構想であった。いままで一般庶民は武家の撃剣試合などというものは見る機会がなかった。それを公開して木戸銭を取り、それによってみんなの口を糊《のり》しようというのである。

もちろん、「武芸は見世物ではない」といって反対する意見もあった。しかし、剣術が衰退して行く時勢を思えば、これを存続せしめる上からいっても、また武芸者の生活を支える点からみても、武士の精神さえ忘れなければ、剣の真髄を庶民に認識普及させるという大局的見地から、一時の止むをえない手段としては認められてしかるべきだろう、という結論に達した。鍵吉もそれを諒承した。

さっそく新門辰五郎が駈けずり廻って、神田旅籠《はたご》町《ちよう》の俠商三幸《さんこう》こと三河屋幸三郎や、接骨医で名のある名倉弥一といった、鍵吉と昵懇《じっこん》の者たちが辰五郎とともに世話役となり、田沢俊明《しゅんめい》という浅草北清島町にあった専念寺という真宗寺の住職や、鍵吉の家に出入りしている吉原大門口《おおもんぐち》の茶屋の主人たちが金主となって、準備が進められた。

明治六年（一八七三）四月十五日、浅草御門外の、いわゆる左衛門《さえもん》河岸《がし》の原ッぱで、鍵吉を〈願主《がんしゅ》〉とする撃剣会が初興行された。

初日は原ッぱの中央に二十五間（約四五・五メートル）四方の竹矢来《たけやらい》をめぐらし、試合の場所には相撲の土俵のように盛り土をして、木戸の前には高札を立てるといった、さながら仇討でも始まるようなものものしさだった。

ところが、これが予想を遥かに上廻る、押すな押すなの盛況で、翌日からは竹矢来を三十五間（約六三・六メートル）四方に拡げても、なお入りきらない満員ぶりだった。クチコミほど伝播力《でんぱりょく》の強いものはない。その評判が口から口へと伝えられて、連日満員札留めの騒ぎで、小屋の前には掛茶屋がかかり、錦絵が売り出されるといった大変な景気で、ちょうどそのころ、川をへだてた両国の回向院では大相撲の興行中であったが、鍵吉の撃剣会に食われて、客足がすっかり落ちてしまったといわれる。

驚異の早業《はやわざ》

「日当《にっとう》三十銭と定められた出場剣士たちに十円ずつやってもまだ残る」とうわさされるほど、金主の田沢俊明は大儲《おおもう》けをしたといわれるが、鍵吉は十日間の興行一回きりで撃剣会をやめてしまった。これを永く継続すれば試合は興行化し、剣士たちも芸人化するという危惧を抱いたからである。

鍵吉のこの危惧は正しかった。

生活に窮した門人たちの中には撃剣会の魅力が忘れられず、自分たちだけで撃剣会を開催する者もあり（中には鍵吉の名を詐称《さしょう》する者まで出た）、また千葉道場をはじめ他流の者たちも雨後の筍《たけのこ》のように撃剣会を催すようになったため、ついにはその数が三十数軒もの多数にのぼった。

これではいくら人気が出たとはいっても、すべての撃剣会が繁昌するわけにはいかない。それに撃剣会の内容が低下すれば、人気が潮の引くように薄れることは明らかだった。やがて撃剣会はドサ廻りの、悲しい身すぎ世すぎになりさがってしまった。

しかし、撃剣会をやめれば、鍵吉の生活がまたもや苦しくなるのは目に見えていた。鍵吉はそれを一向に苦にはしなかったが、皆がいろいろ心配して、道場の西側にある庭をつぶして長屋を五軒建て、その店賃《たなちん》として毎月各軒一円ずつ徴収することにした。この建築費は名倉弥一が出してくれたので、やがてその店賃が入るようになると、義理固い鍵吉は、毎月の店賃五円のうち、その半分は名倉へ届けたという。

ちょうどそのころ、〈廃刀令〉が出た。〈自今《じこん》大礼服着用並《ならび》ニ軍人及ヒ警察官吏等制規アル服着用ノ節ヲ除クノ外〉帯刀は禁ぜられた（明治九年三月二十八日太政官布告第三十八号）。そこで鍵吉は刀への愛着と護身の両用から、長屋を建てるときに伐《き》った庭の吉野桜で杖を作り、〈倭杖《やまとづえ》〉と名づけ、さらに同じ桜で〈頑固扇《がんこおうぎ》〉というのを作って腰に指した。もっとも、これが評判になって各方面から求められるようになると、桜では質が脆《もろ》いので、樫《かし》で作ることにした。

しかし、道場を維持するには長屋の店賃だけでは無理である。そこで道場を夜だけ寄席《よせ》にし、板の間に莫蓙《ござ》を敷き、正面の一段高い師範席を高座として、落語や講談を聞かせようというので、〈榊原亭〉と名づけて客を呼んだ。しかし、この寄席ははじめは相当にはやったが永続きせず、次には道場の半分を仕切って居酒屋を始めた。そしてこれもはじめは繁昌したが、門人たちに影響するところがあまり感心できないと判断した鍵吉は、突然これをやめることにした。

このような貧乏生活に堪えながら、門人の養成と剣術の復興に努力しているうちに、鍵吉の名をふたたび高からしめる事態が発生した。天覧武術試合の開催である。

明治十二年（一八七九）七月三日、アメリカの前大統領グラント将軍が世界一周の途次、清国から日本に立ち寄った。グラントは二か月間滞在し、九月三日離日したが、その間の八月二十五日、東京府主催の歓迎大会が上野公園で挙行され、府民の請願により明治天皇がその大会に臨御《りんぎょ》、竹の台の式典場で流鏑馬《やぶさめ》・犬追物《いぬおうもの》、それに槍術と剣術の天覧を賜った。その総指図役が鍵吉に委嘱されたのである。

この日、槍術二十人・剣術三十人の武芸者の演技が行われたが、剣士の大部分は鍵吉の門人であり、鍵吉の弟の大沢定友（銈三郎）、さらにその弟の榊原友諒《ともあき》（慎次郎）も参加して、その日の光栄に浴した。

すでに新門辰五郎は明治八年（一八七五）九月に七十六歳で死んでいたが、鍵吉の父益太郎が七十四歳の生涯を閉じたのは明治十四年（一八八一）十月二十六日であった。鍵吉も五十二歳という円熟の年になっていた。

明治二十年（一八八七）、一つの出来事が鍵吉の名を日本剣道史上不滅なものにした。十一月十日、明治天皇が伏見宮邸へご臨幸になり、皇族・大臣・宮内勅任官たちに陪観《ばいかん》を許し、弓術・鉢試《はちだめ》し（刀・槍・弓）・席画《せきが》・能楽・狂言の天覧を賜ったことである。そのときの鉢試し、つまり〈兜割《かぶとわ》り〉に、刀の部では高名な三人の剣士が選ばれた。逸見《へんみ》宗助・上田美忠《よしただ》、それに榊原鍵吉である。

逸見も上田も鏡心明智流の桃井《もものい》道場の出身で、ともに警視庁師範。この年できた〈警視庁流剣道型〉の委員である。しかも上田は前名馬之助。銀座の松田という料理屋で、二階から下りる階段で一閃《いっせん》三人を斃《たお》したという遣い手である。鍵吉はこのとき五十七歳。逸見や上田にしてみれば、いかに剣名は高くても、すでに老齢といってよい鍵吉に負けてなるか、という気負いがあった。

この日の兜は明珍《みょうちん》作といわれる南蛮鉄桃形《ももがた》のそれである。何物をも断ち切るという刀と、どんな武器にも割れないという兜と、その強靭さを競うわけだ。なまなかの剣技でできることではない。

まず上田美忠が試みた。裂帛《れっぱく》の気合で振り下ろした刀は、キーンという冴えた音とともに頭上にはね返り、上田の両腕はしびれて、兜にはかすり疵《きず》もつかなかった。

二番手は逸見宗助である。これも鋭い気合で大上段から振り下ろしたが、刀ははね上がって、逸見は仰向けに倒れていた。

最後に鍵吉が出た。刀は見るからに武骨な胴田貫《どうだぬき》であった。鍵吉はかつて将軍家茂の御前でも胴田貫で兜割りを試みた経験があるので、心は落ち着いていた。少しも力まず、自信をもって打ち下ろした刀は、玉林晴朗の「剣客榊原鍵吉」によれば、〈見事に兜の真中を深く切り込み、洵《まこと》に一世一代の面目を施して御前を引さがつた〉とある。その切り込みの程度は、本山荻舟の『近世剣客伝』では〈五寸ばかり〉といい、子母沢寛の『遺臣伝』では〈三寸五分〉と報告している。

この瞬間、一度も人を殺したことのない鍵吉の剣名が、歴史に深く刻まれた。

晩年の鍵吉の剣の冴えを示す逸話がもう一つある。死の前年の明治二十六年（一八九三）五月、上野不忍池畔で挙行された遠征会主催の武術大演習においてである。

この日、鍵吉は門人を相手に剣法の型を演じ、鎖鎌《くさりがま》との試合をし、具足《ぐそく》の早着を見せ、扇の居合斬りまで披露したが、最後に真剣の早業《はやわざ》で観衆を驚嘆させた。

鍵吉はまず丸いゴムの塊《かたまり》に耳や足をつけて豚に似た形のものを作り、それにゴムの紐をつけて、三人の門人に力を籠めて引っぱらせた。そして鍵吉は反対側に立って、その豚の耳を両手につまみ、ジリジリと手許へ引きつけた。手を離せば、その途端に豚は門人たちの方へ勢いよく飛び去ってしまうわけだ。ところが鍵吉は、豚の耳から手を離した瞬間、真ッ向から抜打ちにその豚を斬ってのけた。その美技に満場は湧いた。武芸の専門家たちも「おそらくこの真剣の早業を見ることは、榊原先生をもって最後とするだろう」と評判しあったという。これが鍵吉六十四歳のときの早業である。

明治二十七年（一八九四）九月十一日、鍵吉は脚気衝心《かっけしょうしん》で死んだ。六十五歳。

法名—〈儀光院杖山倭翁居士《ぎこういんじょうざんわおうこじ》〉

倭杖《やまとづえ》にちなんだものであることはいうまでもない。四谷南寺町の西応寺（新宿区須賀町十一、真宗大谷派）に葬る。

生前、鍵吉は揮毫《きごう》を頼まれると、よく次の句を書いた。——

国雖大好戦必亡
天下雖安怠戦危
（国大《くにだい》なりと雖《いえど》も戦《いくさ》を好《この》まば必《かなら》ず亡《ほろ》び。
天下《てんか》安《やす》しと雖《いえど》も戦《いくさ》を怠《おこた》らば危《あや》うし。）
（訓責綱淵）

剣に一生を捧げた者の辞世的述懐であろう。そして生涯、ついに髷《まげ》を切らなかった。それが幕臣としての志操《しそう》のあかしのつもりだったのかもしれない。

伊庭八郎

八尋舜右

道場の朝

伊庭《いば》の道場は、上野不忍池《しのばずのいけ》にほどちかい下谷御徒町《したやおかち》和泉《いずみ》橋通りの東寄りにあった。

この道場の若先生の朝がえりは、となり近所ではだれ知らぬ者のないほど有名である。

周辺には幕府直参《じきさん》の屋敷が多い。当然、朝がえりの路上で朋輩《ほうばい》と顔をあわせることもしばしばだったが、さすがにかれらは心得たもので、片眼をつぶり、にやりと笑うだけでやりすごしてくれた。

ただ、玄朴《げんぼく》先生だけは別だった。三間《げん》ほども先から、若先生のすがたをみとめたとたん、

「八郎君、また夜あそびかね」

謹直な顔をしかめて、大声でとがめだてるのである。

この先生——伊東玄朴は伊庭道場の一軒どなり、東の角地に住んでいた。シーボルトに医術を学んだ高名の蘭方医《らんぽうい》で、幕府直轄の西洋医学所の取締役をつとめている。本来なら、脈ひとつとってもらえるあいてではないのだが、伊庭家では近所のよしみで、家人のぐあいがわるくなるたびに、

「ちょいと、おねがい申します」

気がるに、その門をたたいて診《み》てもらっている。八郎も幼いころから、たびたびやっか

いになっていた。そんなつきあいだけに、玄朴先生のほうもまるで自分の息子のように、きびしく八郎に意見をする。ただし、いつものことなので、そこは八郎も心得たものだ。この日も玄朴先生のすがたをみとめるや、

「これあ、どうも……」

先手をうって肩をすくめ頭をかいてみせた。そのしぐさに、なんともにくめない愛嬌があって、玄朴先生も、これをやられると、つい苦笑してしまうのである。

「まあ、君も若いんだから女が恋しいのはしようがない。でも、度をすごしちゃあいけないよ」

「はい、わかっております」

「わかっていたら、おやめなさい。女あそびは、きみのからだには毒だ」

どうやら、伊庭八郎には労咳《ろうがい》のけがあったらしい。いまでいう肺結核である。

ともあれ、この日も八郎はひたすら恐縮してみせたので、玄朴先生も、

「お父上にあんまり心配かけちゃあいけないよ。はやく嫁さんをおもらいなさい」

最後は、お人よしの隠居のようなことをいって、矍鑠《かくしゃく》たる足どりで神田川のほうに歩みさった。

八郎は、ほうっと息をはく。道場の白壁がやけにまぶしい。足音をしのばせて母屋のほうにまわる。その足もとにぴしゃり、と水がとんできた。

「あらっ」

声の主は礼子である。かいがいしく襷《たすき》をかけ、手に水柄杓《みずびしゃく》をもっている。八郎を見る目がこころなしかなしげだ。

「父上は？」

八郎はてれくさそうに鼻のあたまをかきながら母屋の入口をのぞきこむ。

「もう、道場ですわ」

「そうか……」

深呼吸を一つすると、八郎は道場にまわって重い戸をあける。父軍平はひろい背なかを見せて、しずかに無拍子の型をとっていた。

「当分、夜あそびはおあずけだよ」

背なかを見せたままで軍平はいった。あくまでも、やわらかな声音だった。

「は？」

「将軍家がまた京へお上りになる。講武所《こうぶしょ》の連中がお供することにきまった」

「父上もおいでになるのですか」

「むろん。そなたもいっしょだ」

軍平の背中に道場の窓から射しこむ朝の光が淡い縞目《しまめ》をつくっている。

不肖の子

八郎の父伊庭軍平秀俊《ひでとし》は心形刀流《しんぎょうとうりゅう》九代目、伊庭道場の当主である。道場に出て八郎とともに門人に稽古をつけると同時に、講武所のほうにも教授に出かけていく。性は温厚だが、鉄をも貫きとおすような烈剣をふるう。

軍平は八郎にとって実父ではない。

八郎の実父、心形刀流八代目軍兵衛秀業《ひでなり》は、安政五年（一八五八）、流行病《はやり》のコロリ（コレラ）にかかって急逝した。このとき、八郎十六歳。本来なら、あとめをついでもおかしくない年齢だったが、秀業はあえて高弟の一人垪賀《はが》（塀和）惣太郎を養子にして伊庭家をつがせた。これが九代秀俊である。

伊庭家は養子相続が多い。三代、五代、六代、そして八代の秀業もまた養子だった。これは、実子の有無にかかわらず、門人中もっとも実力、人格ともにすぐれた者に流派を相続させる、というのがこの家の家憲になっていたからだ。秀業もこの家憲にしたがったまでのことである。

心形刀流の始祖は伊庭是水軒秀明《ぜすいけんひであき》、通称総左衛門、号は常吟子《じょうきんし》。生年ははっきりしないが慶安《けいあん》のころの生まれと思われる。師は神道流の妻片謙寿斎《めかたけんじゅさい》に学んだ志賀十郎兵衛如見《じょけん》斎《さい》、とつたえられる。『甲子夜話《かっしやわ》』などの著者としても有名な肥前平戸の藩主松浦静山（壱岐守清《いきのかみ》）は心形刀流免許皆伝の腕で、『剣攷《けんこう》』という心形刀流の注釈書をのこしているが、それには、

——是水軒は、はじめ柳生の門にはいってその術を学んだ由……

と書いてある。また『撃剣叢談《げっけんそうだん》』によると、妻片謙寿斎は本心刀流《ほんしんとうりゅう》の創始者ともされている。つまり、心形刀流の刀術には神道流、本心刀流、柳生流の技がミックスされていたとかんがえてよい。

この流は、こころを練るのを第一とし、技をつくるのを第二とする。

こころは理、技は形。

形はこころがつくりだすものだから、こころが直であれば形も直、こころがゆがめば形もゆがむ。人はこころの器であるから、形がゆがむとこころも曲がる。だから、こころを直にして形をただす工夫が肝要である。このかんどころをおさえれば、心、形、刀の三者一体のはたらきが可能になる——というのが奥義であった。

是水軒が心形刀流の一派をおこしたのは天和二年（一六八二）といわれるが、江戸城下に道場をひらき、おおいに流名をとどろかせたのは元禄にはいってからのことだったようだ。しかし、なんといっても心形刀流の名を天下に高からしめたのは八代軍兵衛秀業《ひでなり》、つまり八郎の実父である。

この人はきわめて厳格な性格で、軟弱をきらい、門弟のなかに、当時、若い武士たちのあいだに流行した細身の刀に雪駄《せった》ばきなどといういでたちをまねる者がいたりすると即刻破門にした。

形がゆがむとこころもゆがむ。さすれば剣もまたゆがむ——これは心形刀流の剣法の基本なのだから、秀業が流行の惰弱《だじゃく》の風《ふう》を排したのは当然であったろう。ゆえに、伊庭道場の門弟たちは流行にさからい、肩をいからし、粗豪の風をきわだたせて往来を濶歩《かっぽ》した。

これが、天保の改革をすすめていた老中水野忠邦の気にいるところとなって、秀業は御書院番にとりたてられた。ただし、水野はまもなく失脚したので秀業も同時に職をしりぞくことになる。

それはともかく——。

当時、位《くらい》は桃井《もものい》、技は千葉、力は斎藤といわれ、北辰《ほくしん》一刀流千葉周作の玄武館、鏡新《きょうしん》明智《めいち》流《りゅう》桃井春蔵《もものいしゅんぞう》の士学館、神道無念流斎藤弥九郎の練兵館が江戸の三大道場として盛名を誇っていたが、心形刀流伊庭軍兵衛の道場もこれにおとらぬ人気で、これをもくわえて四大道場というよびかたもされたほどだ。俗に、門弟千人、といわれた。

秀業の長男として天保十四年（一八四三）に生まれた八郎秀穎《ひでさと》は、当然ながら、この父の主宰する道場の撃剣の音をききながら育ったが、なぜか、まったくといってよいほど剣術に興味を示さなかった。

秀業にとっては不肖の子である。生まれつき、からだがあまり丈夫でないということもあったが、道場に出るよりも奥の部屋で書を読むことのほうを好むような少年だった。

「おいらの種から、どうしてこのような子が生まれたか……」

秀業がなげくと、経をよむより剣術のほうが好きで、しばしば道場にも顔を見せる菩提寺貞源《じょうげん》寺の和尚了達《りょうたつ》が、

「ま、黒船の時代じゃて。剣術がきらいなら学問をさせてみるのもよいかもしれぬ」

といい、八郎の教育にあたってくれることになった。八郎は剣術の稽古からのがれられる口実ができたので、いそいそと貞源寺のある松葉町に出かけていく。そんな息子のすがたを見て、

「おいらは、もうあきらめたよ」

秀業は、さびしげに肩をおとしたものだ。

剣家の血

その軟弱少年の見本のような八郎が十六歳の春をむかえると、

「父上、わたくしにも稽古をつけてください」

にわかに申し出たので、秀業は、

「本気かえ……」

信じられぬ、という口ぶりでわが子の顔をのぞきこんだものだ。

「どうして、気がかわった?」

たずねても、八郎はなにもこたえない。ただ、色白の面上に朱をのぼらせ、濃い眉のしたの涼《すず》やかな瞳を見はって父の顔を見かえすだけだった。

「あれあ、おいらがこの正月に細川さま(肥後熊本藩主)のお屋敷につれていったのがよかったのかもしれねえなあ」

あとで秀業が、うれしげに高弟たちに語ったところによると、細川侯の江戸屋敷の書院には宮本武蔵の筆になるみごとな書画が架けられていたが、八郎はまるでなにかにとり憑《っ》かれでもしたように、一心にその掛軸に見入っていたそうな。

「きっと剣鬼のたましいが、あいつの胸の底にねむっていた剣家の血をよびさましてくれたのだろうよ」

八郎自身がなにも語りのこしていないので、この突然の剣術志向がどのような動機によるものかはわからない。ともあれ……。

いったん剣術をはじめると、八郎は異常なばかりの上達をみせた。

「これあ、やはり血筋というものだぜ」

秀業は心底うれしそうに周囲に自慢したものだったが、その年の夏、コロリにかかって、あえなく不帰の人となった。そのあとは、九代目をついだ軍兵衛秀俊がしっかりとひきつぎ、精魂こめて八郎の指導にあたった。

心形刀流は『撃剣叢談』にも、「わざ多き太刀と見えたり」とある。『剣攷』によれば、波切刀、切甲刀、乱車刀、三心刀、中眼刀、右旋刀、左転刀、獅子乱刀等々、多彩な形《かた》があげられている。

さて、一年もたつと、八郎はこれらの刀法の極意をことごとく習得して、師の軍兵衛を打ち負かすこともまれではなくなった。そこで軍兵衛は八郎を自分の養子にしたうえで、伊庭家の当主の座をもゆずろうとした。が、

「とんでもございませぬ。わたくしのような青二才にはとてもとても……」

これは、八郎のほうがけんめいになって辞退した。

九代目軍兵衛はよほど実直な人だったらしく、恩師の嫡子をさしおいて自分が伊庭家をついでいることをあくまではばかり、伊庭家の代々の襲名である軍兵衛の名を返上して、みずからは軍平と称するようになった。

八郎さえその気になれば、いつでも当主の座をあけわたすつもりなのだった。

養父にこれほどまでに気をつかわれると、八郎としてはかえって息がつまる。しかも、はっきりと口にこそ出さないけれど、軍平は自分の一人娘を八郎に妻《めあ》わせ、それを機に自分は隠居をしようとの腹づもりらしかった。

軍平の娘の名は礼子。八郎より五歳年したで、気だてもよいし器量もいい。幼いころから、「兄上、兄上」と八郎をしたっていたが、このごろでは父親の意中を察してか、これはもうまぎれもない女の目でじっと八郎を見つめてくる。

「いや、もうなんともたまらんよ」

親友の中根淑《しゆく》に、ぽつりと八郎がもらしたことがある。ちなみに、中根は香亭《こうてい》と号し、のちに沼津兵学校の教授にもなった人物だが、八郎より四つばかり年うえで、このころはともに剣技をみがき、吉原にもつれだってあそびにいった仲間だった。

「お礼ちゃんか、あのとおり気だてはいいし、美形《びけい》だし……」

結婚すればいいじゃないか、と中根がすすめると、

「でもねえ、礼子は実の親爺の弟子筋の娘だもの……」

八郎は、むにゃむにゃといった。

実父があとつぎにえらんだ門人の娘を、その門人にとっては師匠の息子である自分が妻にする……。どうも、そのあたりのいりくんだ関係がわずらわしく、八郎の感覚には耐えられない、ということらしかった。

――自分が道楽者になれば、父もあきらめてくれるのではないか……。

八郎は思った。

自分を伊庭家の当主にすえることも、娘を妻《めあ》わせようということも、だ。

そこで、わざと外に出てあそびあるくようになった。八郎は、のちに錦絵に刷られて売りに出されたほどの美男子である。のこっている写真を見ても、目鼻だちのくっきりした江戸人好みのいい男だ。生来、虚弱だった体質も剣術の稽古のおかげでみちがえるほど丈夫になり、筋骨もめだってたくましくなった。口かずはすくないが、口をひらけば一語一語にきっちりとめりはりがきいていた。おまけに有名な伊庭道場の若先生ときている。

これで、もてないはずがなかった。

八郎は、もともと根があそび好きにできていたらしい。三味線、端唄《はうた》の稽古にはじまり、あとはお定まりの吉原通い。おもしろさにまかせて二年、三年とあそびあるくうちに、すっかりその道でのいい顔になった。二十歳になったかならぬかの若者である。いい気分になって、いささか深間にはまった。とりわけ、稲本楼の遊女小稲とねんごろになったことで、八郎の朝がえりがますますめだつようになり、これには軍平も眉をくもらせて、

——このままでは、ご先代さまに申しわけが立たぬのでは……。

気をもむこととしきりだった。

ただし、救いはあった。八郎は夜あそびはしても、剣術のほうは怠らないのである。きめられたとおり、道場に出て軍平の代稽古をつとめたし、軍平とともに講武所にも通い、意気のいい連中と積極的に手あわせもした。

北辰一刀流の千葉道場の俊英で、〝鬼鉄〟の名で知られていた山岡鉄太郎とのすさまじいたたきあいなど、のちのちまでの語りぐさになったほどであった。鉄太郎は八郎より七つばかり年うえで、のちに無刀流をひらいた剣の天才だったが、この鬼鉄と打ちあって一歩もひけをとらなかった。

文久三年（一八六三）の春のことだったが、清河《きよかわ》八郎という男がぶらりと伊庭道場を訪れた。清河は玄武館で山岡鉄太郎と同門だったと名乗り、心形刀流の刀法などについていくつかの質問をしたあと、

「伊庭君、幕臣の一人として、きみは、いまの幕府のやりかたをどう思うかな」

唐突に質《たず》ねてきた。

「つまり、おいらにご政道の批判をしろとでも？　……」

「いや、そうはいっておらんが、なにもせずに手をこまねいていていいのか、と……」

「おいらは剣術にはげんでおりますが、それではいけませせぬか」

「なんのために剣術にはげんでおるのかな」

清河は揶揄《やゆ》するように、にやりと笑った。すでに清河は三十の齢《よわい》をこえていたが、衒《げん》気《き》のぬけない性格らしく、八郎を小僧あつかいしている風がありありとその態度に見えた。

「さて……」

八郎はかるくうけながして、

「その問いは、そのまま清河さんにおかえししましょう」

といった。

「ふふ、さすがに〝伊庭の小天狗〟どのはきりかえしがするどい」

清河は含み笑いしながらいうと、

「一手、ご指南ねがいたい」

と申し出た。

伊庭八郎は辞退しようとした。が、清河は引かない。けっきょく、二人は木刀を手に向きあうこととなった。

後日――。

「清河相手に引き分けとは、おぬし、ちょいとばかり手かげんしたな」

山岡鉄太郎が、これは大口をあけて、

「あは、あは、あは」

と笑った。

「それにしても、あの人はなにが目的でおいらなどに会いにきたのかなあ」

八郎がふしぎそうな顔をしていると、

「きまってるじゃないか。清河は幕府浪士隊の頭目だよ。おいらも、これにはちょいとばかりかかわっておるんで、おぬしにも一役買ってもらおうと思ってね」

鉄太郎はけろりといってのけた。

「なあんだ、山岡さんもかんでいたのか。お人がわるいなあ。でも、ざんねんでしたね。おいらは清河さんのお眼鏡にかなわなかった」

「おぬしが色男すぎたからな……」

またしても鉄太郎は舌をそよがせて笑ってから、

「実は、おぬしが顔に似ぬ一徹者と知って、清河のやつ、誘うのをやめたのさ」

最後は真顔になっていった。

幕府の浪士隊をうまくあやつって勤王運動に利用しようとたくらんでいた清河八郎にとって、たしかに伊庭八郎のような男は敬遠すべき存在に見えたのだろう。

清河が見ぬいたとおり、八郎は一見やわなあそび人風だったが、根は頑固で、こうと思いこんだら、めったなことではかんがえをかえない一徹の男だった。

その無類の一徹さが、おりから変転きわまりない幕末の政情のなかで、かれの生きかたを悲劇性をおびたものにしていくのである。

朝涼の精神界

伊庭家は、まがりなりにも石高二百俵の御家人である。その主家である徳川幕府が、いまや内外の圧力のまえに瓦解の危機に瀕していた。その危機意識のなかで、将軍家茂《いえもち》はそれまでの小姓組を廃して、あらたに幕臣の子弟のなかから武芸にすぐれた者をえらんで奥《おく》詰《づめ》に再編したが、八郎もその一員に加えられた。さしずめ、将軍家の親衛隊といった役柄である。将軍家が上洛するとなれば、当然、その身辺警護の任務につかねばならない。過激な尊攘派浪士のテロルは、この年の八月十九日、長州勢が京都から駆逐されて下火になっていたが、まだ油断はならない。追いつめられた過激浪士が、どのような反撃に出てくるか。

そこで、幕府もいっそう将軍の警護には気をつかい、講武所頭取の男谷精一郎《おだにせいいちろう》以下、榊原鍵吉《さかきばらけんきち》、北辰一刀流の三橋虎蔵、田宮流の戸田八郎左衛門、伊庭軍平らの剣術教授方に加え、奥詰の精鋭五十人をえりすぐってつれていくことにした。伊庭八郎も、そのなかの一員にえらばれたのである。

文久三年の暮れもおしつまって、将軍家茂は江戸を発ち、海路をとって京にむかった。

これとは別に陸路を西上した伊庭父子らは、翌元治元年(一八六四)正月十五日、伏見に将軍を出むかえ、そのまま身辺警護の任について京の二条城にはいった。

将軍が朝廷や寺社参詣などに出かけるとなると、かならず八郎らが身辺ちかくにお供して目を光らせたが、将軍の外出がない日や非番のときは、おおむね自由な行動がゆるされていた。そんなとき、八郎は洛内地図をふところに名所旧蹟を訪ねあるき、その体験を帳面に丹念に書きつづった。これはのちに友人の中根香亭によって解題《げだい》が付され、『征西日記』と題してのこされ、現在、『維新日乗纂輯《いしんにちじょうさんしゅう》』のなかに収録されている。

ただし、この『征西日記』に、激動する京洛にはじめて身を投じた若者の〝思想と行動〟を見ようと期待しても、それは無駄だ。日記は、どこにいき、なにを買い、なにを食べたといった日常事が淡々と記されているだけで、動乱の時代に身をおく青年の緊迫感に満ちた意見の表白などは、ただの一行も記されていない。

当時の京や大坂の町人たちは、江戸から将軍のお供をして上ってきた幕臣たちが、幕府の危機などどこふく風で、のんびり物見遊山にうつつをぬかしていると狂歌や落書《らくしょ》で皮肉っているが、この日記を表面的に読むかぎり、八郎もまた、その物見遊山組の一人だと見られてもしかたがない。

では、八郎はほんとうに政治などには無関心で、国家や幕府の運命などには思いをいたすことのない、ただの剣術馬鹿だったのだろうか。

筆者にはどうもそのようには思えない。八郎をただの極楽とんぼだったとすると、幕府瓦解後のかれの一途な生きかたと、どうにもうまくつながらなくなってくるからだ。八郎はもともと多弁ではなかった。おなじ江戸ッ子でも勝麟太郎のように舌からさきに生まれたような漢《おとこ》もいるが、概して江戸の人間は多弁を好まない。いうなれば、意気や気合い、呼吸でもっておのれのかんがえや感情を簡潔に表明する。いわんや、伊庭八郎は剣客、であった。

おのれの身をおく世界が、みずからの意に反した状況になったからといって、それをいたずらに慨嘆することを八郎は好まない。そのような行為は女々《めめ》しい、とするのである。他人《ひと》さまにむかっていうのはむろんのこと、ひそかに日記に記しとどめることさえも恥じた。

かつて、清河八郎に「いまの時代になにもしなくてよいのか」と詰問されたおり、八郎は「自分は剣術にはげんでおるが、それではいけないのか」ときりかえしたことがある。八郎にすれば、これがかれ流の思想の表明なのである。

伊庭八郎には時代のさきゆきが、見えていたのではないだろうか。おぼろげにではあったろうけれども……。

黒船来航以来、あらゆる価値観念が激変した。幕府もそうだし剣家のばあいもそうだが、祖法といい伝統といい、自分たちがだいじにし、よりどころにしてきたものが、外国からはいってきた新しい考えや技術のまえに、意外にももろく、あやしげなものだということが、いやおうなしに見えてきた。もはや、刀槍の時代ではないことははっきりしていた。幕府直属の講武所でさえ、にわかに西洋式の銃砲術をとりいれていた。そのような状況のなかで、八郎はわざと父祖の剣法にこだわり、その道統をつぐ道をえらびとった。

——おいらは、あくまでこれでいく……。

気障《きざ》にいえば、やがて滅びるであろう側にあえて、みずから身をおいた。

この滅びへの志向の裏には、八郎のわが身の病にたいする自覚もあったように思われる。じじつ、八郎は滞京中にも病を発して当番を他の者にかわってもらったりしている。当時、不治の病とされていた労咳《ろうがい》、あるいはそれに類した病をかかえていた八郎は、少年のころから、自分はあまり長生きできないのではないか、と思いこんでいたけはいがある。その思いが、かれを一方では放蕩《ほうとう》へ駆りたて、他方では、時代おくれになりつつある父祖の剣法をうけつぎ、その剣をもって瓦解へむかいつつある幕府のために殉じようとの行為にはしらせたのではなかったか。

将軍上洛にあたっては錚々《そうそう》たる武芸者がお供をしてきていたから、二条城ではしばしば上覧試合が催された。八郎も当然、試合をした。しかし、かれは「日記」のなかで、その勝敗についてはまったく触れていない。剣客同士の勝ち負けなど、もはや八郎にとってはどうでもよいことだったからかもしれない。

かれの目は、もっと別のものを見つめている。

『征西日記』を読んでいくと、五月二十六日の条《くだり》に、妙法寺に出かけたとの記述があり、つぎのような発句が記されているのにゆきあう。

朝涼《あさすず》や人より先へ渡りふね

この十二文字のなかで、八郎がいおうとしたものはなんだったのだろう。「人より先へ渡りふね」とさらりといってのけたところに、生への執着をたちきった男のすがすがしいばかりの覚悟、凄絶《せいぜつ》なばかりに澄みわたった「朝涼」の精神世界のひろがりが見えるような気がするのだが……。

政情変転

「いやもう、これじゃあ手も足も出ねえ」

中書島《ちゆうしよじま》の角倉橋の桁下《けたした》にのしいかのようにべったりと伏せたまま、八郎以下、遊撃隊の面々は歯ぎしりしていた。頭上を間断なく銃弾がとびかい、轟音をあげて臼砲《きゆうほう》の弾が炸裂《さくれつ》する。

慶応四年（一八六八）一月四日午前八時、伏見――。

「敵を斬るまえに、あんな小さな鉄の玉をくらって死んじまうなんて、まったくつまらねえ時代に生まれあわせたものさ」

人見勝太郎が自嘲するようにいうと、ぺっ、と川の面に唾《つば》をはいた。勝太郎は八郎とおなじ御家人で、講武所で剣を磨きあった仲である。八郎とともに遊撃隊に組みいれられ、昨日来、いくども肩をならべて突撃をくりかえしてきた。元気な口をきいているが、全身に疲労の色が濃い。

「霧がはれたら、もうひとはたらきしてみるか」

「なに、こちらが出なくとも、敵さんのほうからやってくるさ」

「ちげえねえ、それにしても新選組の連中を先刻見かけたが、ずいぶん頭かずがへってたようだぜ」

「池田屋のことがあるんで、敵さんの目のかたきにされてるんだろうよ」

新選組は、あの清河八郎が江戸で徴募《ちようぼ》し京につれていった幕府浪士隊員のうち、清河のくわだてに反対して脱隊した連中のあつまりで、数年来、京都守護職の下にあって洛内の治安維持にあたっていたが、元治元年（一八六四）六月には三条小橋の旅籠《はたご》池田屋に踏みこみ、密議中のおおくの志士を血祭りにあげて洛内を震撼させた。このとき、伊庭八郎はちょうど京の任務をおえて江戸へもどる途中だったが、このさわぎでふたたび京へよびもどされたので、印象ぶかくおぼえている。

あれから三年——。政情はめまぐるしく変転した。

池田屋の変後の七月十九日、長州藩兵が京に攻めのぼり幕軍と戦火をまじえ、敗退した。禁門の変である。幕府は長州征伐の軍を催した。長州藩は責任者を断罪して赦免を請うた。が、藩内で高杉晋作らが叛乱をおこし、結局は見せかけだけの恭順策をとる。明けて慶応元年（一八六五）の閏《うるう》五月、家茂は三度目の上洛をした。伊庭父子も前回同様、将軍のお供をして上京した。

「こんどこそ、長州と戦《いくさ》になりましょうな」

「さよう、上様もこんどばかりは腹にすえかねておられる」

「で、勝てましょうか」

「む……。口のわるい勝（海舟）さんなどは、勝ち目がない、というておるそうな。たしかに、いまの直参《じきさん》は刀のぬきようも知らぬようなのが多いからなあ。せめて、おいらたちだけでもしっかりしなくっちゃいけねえ」

「薩摩が、かげで長州を後おししているとか……」

「どうも西国の人間は表裏が多くて、おいらのような一本気の人間にはよくわからねえなあ」

「まったく。わたくしはできることなら人を斬りたくないと思っておりましたが、だんだん、やつらを斬ってみたくなりましたよ。いったい、どんないろの血が出るものやら……」

伊庭父子は西上の途次、こんな会話をかわしたものだ。

たしかに、わずか二年まえには幕軍に協力して京から長州勢を追放した薩摩藩が、いつの間にか長州寄りにかわり、ひそかに討幕の策をめぐらしはじめていた。慶応二年正月になると、土佐脱藩浪人で北辰一刀流の凄腕と評判の坂本龍馬《りようま》が、京で西郷隆盛と木戸孝允を握手させ、薩長同盟を成立させた。長州藩は表面上はあくまで恭順を装いつつ、かげでは薩摩藩の援助をうけて、着々と戦備をかためている。そこで、この年六月、幕府はついに第二次の長州征伐の軍をおこした。

ところが……。

伏見の霧

七月二十日、かねてより体調の思わしくなかった家茂が大坂城中で亡くなった。生来、からだのあまり丈夫でなかった将軍は、絶えることのない心労で若いいのちをちぢめたのだった。享年二十一歳、である。

家茂のあとは一橋慶喜《よしのぶ》がついで、第十五代の将軍職についた。新将軍は家茂の遺志をついで、みずから征長軍の先頭に立つと張りきった。この人は西洋好みで、幕軍もフランス陸軍式に編制がえした。講武所（このころは陸軍所といっていたが）の奥詰も遊撃隊に再編制され、軍平も八郎もそのなかに組みいれられた。慶喜は、この遊撃隊にも銃をもたせようとした。これには、さすがに口かずのすくない八郎も、閉口して、

「まいったねえ、あいにくおいらは剣術にしか能がねえ。剣術つかいのおいらが撃つ鉄砲玉で、さあて、将軍さまを無事お守りできるかなあ……」

となげいた。

遊撃隊が出動するまえに、結局、第二次長州征伐は休戦となった。尻腰《しっこし》のない幕府軍や、いやいやながら参戦している諸藩の兵では、百姓町人、女子供までまきこんで藩士死守に立ちあがった長州軍に歯が立たないのである。事実上の幕府の敗北だった。あまつさえ、慶応二年の暮れには、終始幕府に好意的だった孝明帝が急逝した。幕府は追いつめられた。勢いづいた薩長は、ひそかに討幕の詔書を手にいれる。幕府は賊とされたのである。慶応三年（一八六七）十月十四日、慶喜は政権を朝廷に返上した。

が、薩長はあくまで幕府をつぶす魂胆である。十二月九日、王政復古のクーデターを敢行、慶喜に辞官納地をせまった。おのれの才智と先見の明に絶対の自信をもっていた慶喜だったが、みごとにはかられたわけだ。

こうなると、幕臣たちがだまっていない。将軍にその気がなければ自分たちだけでもやる――十二月十二日以来、大坂に引きあげていた幕臣たちは京にむけておしだそうとの気勢をみせた。

かくて慶応四年一月二日、在坂の幕軍二万余は陸続《りくぞく》と北上を開始した。

今堀摂津守を隊長とする遊撃隊は会津藩兵を主力とする先鋒部隊にまじって、鳥羽街道を急進、三日の早朝には伏見奉行所にはいった。この先鋒部隊には、ほかに幕府伝習隊と新選組がいた。

戦闘がはじまったのは、この日の午後五時ごろである。鳥羽方面ではげしい銃砲声がおこるや、これに呼応するように、かねてより奉行所に照準をあわせていた薩摩軍の大砲が火を吹いた。

「こう撃ちすくめられちゃあ、敵の砲兵陣地にわれわれが斬りこみをかけるしかない」

遊撃隊と新選組は奉行所の正門をおしひらいて前面の道路にとび出していった。ところが、道路の前面には薩摩の射撃兵が待ちかまえており、はげしく銃撃を加え、右手の御《ご》香宮《こうのみや》からも臼砲《きゆうほう》を撃ちかけてくるので、なかなか思うように前へ進めない。

「くそっ」

それでも、八郎らは町家の軒下づたいに、何度も突撃をかけた。が、そのたびに、ばたばたと撃ちたおされた。いたしかたなく、八郎らは両側の町家の戸板をはずし、畳をはいで仮の胸墻《きようしよう》（防塁）をつくり、抜刀したままその背後にかがんで突撃の機会を待った。

やがて、日が暮れ、霧も出てきた。

「暗くなったら、こちらのものだぜ」

人見勝太郎が、不敵に笑った。

しかし、砲火による火災で一帯は火の海と化し、幕軍は退却を余儀なくされた。

明けて四日、深い霧のなかから敵の銃砲撃がはじまった。午前八時をすこしまわったころであった。あとでわかったことだが、このとき伏見にのこっていた幕軍は八郎ら遊撃隊の一部と、わずかな伝習隊だけだったらしい。対するに、相手は薩長の新手に加え、土佐藩兵が参戦、銃砲撃はますます熾烈《しれつ》となった。

「こりゃあ、もう死ぬるしかないねえ」

八郎は人見勝太郎ほか十名ばかりの遊撃隊士とともに、霧のきれ目をさがして索敵《さくてき》しながら匍匐《ほふく》前進した。本願寺の東御堂を北に進んだあたりで突然、霧がはれた。眼前に薩摩の先鋒らしい一塊の兵の姿がうかびあがった。

「いくぜっ」

八郎は白刃をかざして、まっさきにおどりこむ。

ばさり、肉を切るたしかな手ごたえとともに、相手がのけぞり、だんぶくろの奥から鮮血がほとばしった。あとは乱撃となった。

「チェスト」

薩摩の兵も剽悍《ひょうかん》である。奇声を発しながら、勇敢にうちかかってくる。

――なるほど、これが薩摩の示現《じげん》流というやつだな。

すさまじい太刀先から身をかわしつつ、八郎はあくまで冷静に練磨の剣をふるった。二人、三人、四人まで斬ってすてた。四人目はみごとに頸骨をたちきった。かつっ、骨をたつ乾いた音がした。剣家の血というものだろうか、一瞬、八郎は胸底からつきあげてくる名状しがたい高揚感にとらわれた。

「とおっ」

銃剣をつきつけてきた五人目の敵を体をひらいてやりすごし、斜めうしろから袈裟《けさ》に斬りさげようとした瞬間、自分の胸の肉の裂けるにぶい音がして、灼《や》けるような疼痛《とうつう》のなかで八郎は昏倒した。

海の遊撃隊

海鳴りが聞こえる。

慶応四年（一八六八）五月十八日——。伊庭八郎は駿州沼津にいた。鳥羽・伏見の戦いから、すでに半年近い時がながれている。

あの日——。八郎は流れ弾に胸をやられたのだった。さいわい鎧下《よろいした》をつけていたため致命傷とはならず、八郎は同志に背負われ、淀川を小舟でくだって大坂城内の施療所にかつぎこまれ、一命をとりとめた。

人見勝太郎によれば、抱きおこしたとき八郎の胸は血の洪水だったという。あとでわかったことだが、それは傷口からの出血というより被弾の衝撃による喀血だった。労咳自体がすすんでいたのだ。

「生き恥さらして、だらしのねえことさ」

八郎は自嘲したが、あの乱戦のなかからの生還は奇跡というほかはなかった。

「もう一奉公しろってことかな」

八郎の笑いには、ふかい虚無が漂う。

あのとき家来たちを置きすてにして海路江戸に逃げもどった将軍慶喜は、上野の寛永寺にこもってひたすら恭順につとめていたが、江戸開城とともに水戸に退隠した。八郎の父軍平をはじめ、遊撃隊生きのこりの三分の一ばかりがこれに従った。あとの者は、ある者は彰義隊に加わり、また、ある者は大鳥圭介《おおとりけいすけ》らの脱走隊に加わって各地に散った。八郎も彰義隊に誘われたが、首を横にふった。生まれ育った上野の地を戦場にしたくなかったからだ。それに、彰義隊式の抵抗ではさきが見えている。

――どうせなら、おいらはもっとでっかい戦《いくさ》をして死にたい。

と思った。

榎本武揚《えのもとたけあき》という男がいる。オランダで近代西洋の海軍術を学んでもどってきた幕臣で、これが旧幕府海軍をおさえていた。八郎は負傷して大坂から江戸へひきあげるとき、この榎本の軍艦にのせてもらった。

「伊庭君、ぼくといっしょにやってみないか」

榎本はいった。

この強力な海軍をもって、薩長の本拠地をたたく。かれらが江戸に攻めのぼるようなら、兵庫、駿河、相模……かれらが兵を進める側面から艦砲をうちかけ、八郎らが斬りこみをかけて、かれらの長くのびた戦線をずたずたに分断する。文字どおり、海の遊撃隊——。

「おもしろそうですね。もし、この傷が治《なお》ったら、ぜひいっしょにやりましょう」

ところが、榎本がおさえていた旧幕府の艦隊は、江戸無血開城の見返りとして勝海舟により新政府にひきわたされることになった。この海からの遊撃作戦は、一時期、勝自身が構想したものだったというのに……。

榎本の海軍があてにならないとわかると、八郎は人見勝太郎ほか三十人ばかりの仲間とともに上総《かずさ》にわたった。

林昌之助忠崇《ただたか》。上総請西《じょうざい》藩一万石の主である。二十一歳の若さだが、これがなかなか気骨のある人物で、

「いたずらに時勢に流されて徳川恩顧の親藩までが、意気地なく新政府のいうがままになっているのは情けない」

おおいに憤慨している。

八郎は、この藩主をかついで一戦することにした。小藩とはいえども、一藩の主が兵をひきいて起《た》つ、のである。いざとなると予想に反して、館山、勝山など付近の藩からの参加者などを加えても二百名ほどにしかならなかったが、ともかくやれるだけやろうということで閏四月十日、館山から進発し相模湾をよこぎり相州真鶴《まなづる》にあがった。ちかくに徳川譜代十一万三千石の小田原藩がある。小田原藩がともに起《た》ってくれれば、東海道の江戸への関門を扼《やく》して、江戸にはいろうとする新政府軍をくいとめ、あわせて彰義隊の戦《いくさ》を有利にし、会津以下東北諸藩の決起をうながせるだろう。なおかつ、そうなれば、榎本武揚も軍艦をひきいて海から呼応してくれる約束になっていた。しかし、藩主大久保忠礼《ただのり》は一応佐幕の意思をもってはいるものの、藩内には反対の者も多くいて、なかなか藩論がまとまらない。いたしかたなく、八郎らは戦機を待って御殿場《ごてんば》から甲州黒駒あたりを転々し、五月になって沼津に移った。沼津水野家は五万石、これも譜代である。この藩も小田原藩同様去就に迷っていたが、とにかく遊撃隊を迎え入れてくれたのだった。

それが、数日前から態度がおかしくなってきた。大総督府が彰義隊攻撃決定と同時に、沼津藩に八郎らを監禁するように命じてきたかららしかった。そして追いかけるように、この日十八日、彰義隊敗北の報がとどいたのだった。

「これあ、ぐずぐずしておれんなあ」

「仕方がない。おいらたちだけで死ににいくか」

八郎と勝太郎はうなずきあった。

箱根三枚橋

翌十九日未明、遊撃隊は沼津を脱出すると箱根をめざし、翌日には箱根の関所をおさえた。これを知って、小田原藩の主戦派は勢いづき、武器兵糧《ひょうろう》とともに応援にかけつけてきた。小田原藩が決起してくれれば、当分、新政府軍あいてにひとあばれできる。八郎らは勇躍した。

ところが、総督府が大兵を送りこんできたとたん、小田原藩は腰くだけになった。あまつさえ、みずから新政府軍の道案内を買って出て遊撃隊にむかってくる始末である。

新政府の大軍をむこうにまわし、遊撃隊は奮戦した。箱根の天嶮《てんけん》を利用して、小勢ながら文字どおりの遊撃戦を展開したのだ。しかし、二十七日、土佐の強兵が大挙参戦したことで、遊撃隊は大打撃をうけた。

この日、八郎は部下を指揮しながら早川の渓流ぞいに退却していたが、三枚橋をわたろうとしたとき、岸辺の草叢《くさむら》に伏せていた敵兵の一斉射撃をうけた。

「伏せろっ」

八郎はさけんだが、そのとき一弾がかれの腰の肉を削《そ》いで通った。

「いまじゃ、一人も逃がすなっ」

橋板を踏み鳴らして十数人の敵が一団となって迫ってきた。

「ちっ」

八郎は舌を鳴らすと、先頭の一人を真向からたちわり、つづいて左右に剣をかえして瞬時に二人の敵を斬り伏せた。しかし、いかんせん、腰の回転がうまくいかない。うめきつつ思わず片膝をつくところに鋭い斬撃がきた。その一撃が、体《たい》をたてなおそうと外がわにおおきく振った八郎の左腕にすぱっとはいった。血しぶきとともに肘《ひじ》からさきが宙に舞った。

が、八郎は気丈にも右手一本で、相手のつぎの打ちこみを転瞬《てんしゅん》にはずすと、たおれながら、その脚を薙《な》ぎはらった。敵はもんどりうって早川の水流に消えていった。

「伊庭先生」

駆けつけた隊士の一人が八郎を助けおこす。

「なに、伊庭八郎？……」

敵兵のなかに明らかに動揺が見えた。伊庭八郎の凄腕は、新政府軍の兵士の間にも知れわたっていたらしい。思わず後方に退くところを、隊士は八郎をすばやく肩にかつぎあげ、ちかくの山中に走りこんだ。

それから三月ほどたった八月二十日未明、八郎は江戸湾上を走る美賀保《みかほ》丸の艦上にいた。

「蝦夷《えぞ》はもう寒いんでしょうねえ、先生の腕の傷が痛まなけりゃいいんだが」

「なあに、むこうにいきゃあ、またすぐに戦《いくさ》さ、こんな甲斐性なしの腕の傷を痛がってるひまなんざあねえよ」

だらんと袖がぶらさがった八郎の左腕をかばうようにして立っているのは八十吉である。

伊庭道場のちかく、下谷池之端《したやいけのはた》に鳥八十《とりやそ》という鳥料理屋がある。八十吉は、その鳥八十の主人である。八郎とは古いなじみだ。八十吉は、もと、やはり池之端にある鳥料理屋の板前をしていたのだが、座敷女中といい仲になったため店をおはらいばこになった。このとき、八郎が店の主人へかけあってゆるしをもらい、新しい店の世話までしてやった。八十吉はこれを深く恩にきて、日ごろから「先生のためなら火のなか水のなかでも……」といっていたが、そのことばどおり、八郎が榎本の軍艦で蝦夷にいくと知ると、八郎がいくら叱ってもはなれず、とうとう艦上までついてきたのだった。

「それにしても、豪勢でござんすねえ」

八十吉は上気した顔で、海上を見まわしながら子供のようにはしゃいだ声をたてた。開《かい》陽《よう》、蟠龍《ばんりゅう》、回天《かいてん》、咸臨《かんりん》、千代田形《ちよだがた》、長鯨《ちょうげい》、神速《しんそく》、そして美賀保。この旧幕府海軍の八隻をひきいて、榎本はこの日未明、品川沖から脱走したのだった。職をはなれた旧幕臣とともに蝦夷地にわたり開拓にはげむ、というのが表むきの理由だが、むろん、幕権回復のために一戦をというのが本心であった。

ところが、二十一日夜半から嵐になった。各艦はちりぢりになり、美賀保丸も数日洋上を漂流したすえ、房州銚子沖で坐礁し沈没した。片腕の八郎が助かったのはひとえに八十吉の献身的なはたらきによる。

「八十吉、ありがとうよ」

八郎は、うっすらと瞼に涙をにじませて八十吉に礼をいったが、その夜ひそかに自害をはかった。

「先生、なんてなさけねえことをしてくださるんで……。徳川さまのためにもう一戦《ひといくさ》なさろうってんじゃないんですか」

八十吉が泣きながら八郎の腕にすがって制止すると、

「もういけねえや、鳥屋の親爺の世話になるようじゃあ、このさきも、みんなの足手まといになるだけだ」

八郎は自嘲に口をゆがめて悪たれをついた。

その後、八郎は新政府の探索の目を巧みにのがれ、相州横浜で通弁《つうべん》をしていた旧幕臣尺《せき》振八《しんぱち》のもとに潜んだ。その隠れ家で、会津藩の降伏を知り、改元のことをきいた。九月八日、慶応四年は明治元年になったのである。

九月も末になって、江戸、いや東京に所用で出かけた尺がもどってくると、妙にしんみりした口調でいった。

「昨日、山岡さんに会ったよ。きみのことを話したら、自分が責任をもってひきうけるから駿府にこないかってさ。前将軍《さきの》に従って、きみの親爺さんもむこうにいっておられるそうだ。もう存分に戦ったんだから、なにも死に急ぐことはねえって、そういってたぜ。おれもそう思うよ」

八郎はそれには返事をせず、

「尺さん、腕の古傷もすっかりよくなったし、なんとか船のほうをおねがいするよ」

とだけいった。

さいわい、このころ横浜には初の英和・和英辞典をつくったことでも知られる医者のヘボンがいた。銚子沖の遭難以来、また左腕の傷口がひらいた八郎は、このヘボンの施療院にかよって治療してもらい、ようやくその傷口もふさがったのだった。

――前将軍のお守りなどおいらの柄《がら》ではねえ。おいらは蝦夷地に死ににいくのさ……。

八郎は自分にのこされた時間があまりないことを知っていた。

尺が手配してくれた外国船に便乗し、八郎が八十吉とともに蝦夷にわたったのは、この年の十一月もなかばになってからだった。

蝦夷の潮鳴り

一面の濃霧だった。

明治二年四月二十日、八郎と八十吉は松前と箱館の中間にある木古内《きこない》にいた。濃霧の底から潮鳴りがきこえる。

この月九日、新政府軍は猛烈な艦砲射撃を加えたあと、陸続として江差《えさし》海岸に上陸してきた。前年の師走のなかば、占領した箱館五稜郭《ごりようかく》において蝦夷共和国の樹立を宣言した榎本武揚総裁の下で歩兵頭並に選任されていた八郎は、松前奉行になった人見勝太郎らとともに、十一日、江差奪回にむかう途中、根部田《ねぶた》村で新政府軍と遭遇した。

八郎は、このときもまっさきに敵兵の密集のなかに駆けこむと、右腕一本で愛刀をふるい、右に左に薙《な》ぎたおした。

「いや、そりゃあもう、鬼神のような、とはあのときの先生のことをいうんでござんしょうねえ」

のちに八十吉が語ったように、それはもう火を噴かんばかりのすさまじさで荒れ狂った。

一戦《ひといくさ》のあと、八郎は血のしたたる大刀をうれしげにうちふりながら、

「まだ、けっこうやれるねえ」

と微笑したそうな。

八郎のひきいる遊撃隊の奮戦もあって、新政府軍はくずれたった。翌十二日はさらに茂《も》草《ぐ》村《さ》まで進んで、ここでも敵を撃破、江良《えら》町まで追撃した。ここでも、八郎の活躍はめざましく、右手一本でかるがると群らがる敵兵を幾人となく斬り伏せた。隊員たちも舌をまいた。

「伊庭隊長はまるっきり死をおそれないんだからなあ。相手をまるで丸太棒みたいにのんでかかってるんだ」

しかし、やがて新政府軍の増援部隊が到着、沖合からの艦砲射撃もあって旧幕軍はじりじりとおしかえされ松前まで退いた。さらには、その松前ももちこたえられなくなり、八郎らは五稜郭から出撃してきた陸軍奉行大鳥圭介の部隊と合流するため木古内に退いたのだった。

松林のなかにある漁師の網小屋の壁にもたれながら、

「なあ、八十吉……」

八郎は連戦のつかれでいたいたしいばかりにやつれの見える顔を、八十吉のほうにむけていった。

「……幸か不幸か、これまでおいらは死なねえできたが、きょうあたりはあぶねえよ」

「そんな縁起でもねえことを……」

「ははは……。もうずいぶんと敵も斬ったからねえ、ほれ、刀もこんなに刃こぼれして斬れ味のほうもだいぶにぶってきた。おいらの心形刀流もここらあたりがご奉公おさめだろうて。だが、おまえさんは死ぬなよ。おいらがこうして戦って死ぬのも、おまえさんらが、むかしどおり小粋《こいき》に気分よく商いができるようにねがってのことでもあるんだ」

「先生、そりゃあねえよ」

八十吉はしゃくりあげた。

「ばか、なさけねえ涙なんぞ流すんじゃねえ」

「泣くのは、あっしだけじゃござんせんよ。礼子さまや、それに稲本楼の小稲だって……」

どどっ——。

そのときだった。突如として濃霧のむこうから敵の一斉砲撃がはじまった。新政府軍の奇襲であった。

「ははは、おいでなすったぜ。おいらはいくが、よいか、八十吉死ぬなよ」

八郎は八十吉に念おしするようにさけぶと、散開していた隊員を束ねて弾雨のなかを駆け出した。が、半町といかぬうちに至近弾が落下、八郎ほか数人の隊員がいちどにはじけとんだ。

「先生っ」

夢中になってあとを追っていた八十吉が悲痛なさけびをあげて駆けよる。八郎はぐったりとしていた。鳥羽・伏見の戦い以来、いつも身につけていた陣羽織がずたずたに裂け、あちこちから鮮血が噴き出していた。

八十吉が後日語ったところでは、このとき八十吉や部下の隊員が抱きおこして後方にさがろうとすると、

「こんな片腕の役たたずなんかにかまうな、よいから捨てていけ」

それはもう、こわいような目のいろを見せて八郎は叱りつけたという。けだし、八郎の心底からのさけびだったのであろう。

五月十一日、新政府軍の陸海軍は箱館の総攻撃にかかった。八郎は五稜郭内の病院で高松凌雲《りょううん》の手当てをうけていた。凌雲は横浜でヘボンに英語を学び、パリで最新の西洋医術を修めてきた新知識《ちしき》だが、旧幕臣の節をとおして榎本武揚らとともにこの地へわたってきたのだ。しかし、この名医の腕をもってしても、八郎をふたたび起たせることはむずかしかった。弾創もひどかったが、それよりも例の労咳のほうが、重ねに重ねた無理もあって最終の段階まですすんでいたのだ。

「よくもまあ、あんなからだで戦えたものだ。剣客の気力というものは、まことすさまじいものですなあ」

伊庭の病床を見舞いにきた榎本総裁に、凌雲は驚嘆しつつ告げたものだ。

はげしい戦いで、戦傷者がふえつづけ、病院はたちまちいっぱいになった。八郎はそれを気にしつづけ、

「おいらのような役たたずは、百姓家でもどこでも邪魔にならぬところにうつしていただきたい」

凌雲にうったえた。

「そうだねえ、ここも砲弾がとんできてあぶないし、ひとつちかくの湯の川温泉にでもうつりますかな」

凌雲も同意した。八十吉はさっそく荷車の調達にちかくの村まで駆け出していった。しかし、八十吉が馬糞のこびりついた荷車を曳いてもどってきたとき、八郎はすでに息がなかった。となりの病床の元衝鋒《しょうほう》隊士が、

「伊庭さんは、これを飲《や》ったらしい」

なにやら黄色い液体のはいった小さな薬瓶をふってみせた。それは、榎本武揚が、「いずれ自分も後からいくから」といって、戦傷者に配ってあるいた毒薬だという。

「榎本ってえ男は、なんてひでえことをしあがるんだ。鳥裂き商売のあっしらだって、病いに苦しむ鶏を見たらニラ汁をのませて助けようとするってえのに……」

八十吉は憤り、くやしがったが、もはや八郎の両眼はかたくとじられたままだった。この日、五月十二日。伊庭八郎、二十七歳。

かねて用意の辞世に、こう詠まれていた。

　まてよ君迷途も友と思ひしに　しばしをくるる身こそつらけれ

五月十八日、榎本は五稜郭を開城、新政府軍に降伏した。

「こんなことになるくれえなら、首ッ玉にくらいついてでも先生を蝦夷なんぞにこさせるんじゃあなかった」

八十吉は八郎の遺髪を抱いて津軽海峡をわたった。海峡にはすでに夏の風が吹いていた。

秀穎院《しゅうえいいん》清誉《せいよ》是一居士《ぜいちこじ》。八十吉によって江戸にもちかえられた遺髪は菩提寺貞源寺の墓地に葬られた。八十吉は、その墓の前に遅咲きの朝顔の鉢を供えながら、かたわらの礼子と小稲にいった。

「ほんに、先生はこの花みたいなお人でござんしたねえ、かたくなに、明日という日を見ようとはなさらなかった……」

佐々木唯三郎

戸川幸夫

小太刀の達人

幕臣佐々木唯三郎《ただざぶろう》は天保四年（一八三三）に会津藩士佐々木源八の三男として生まれている。長兄の直右衛門《すぐえもん》は父の実家である手代木《てしろぎ》家を継いで会津藩家老となり、次兄の主馬《しゅめ》が佐々木家を継いだ。唯三郎は旗本の佐々木矢太夫の養子となったが、実家と同じ佐々木姓なので氏は変わっていない。字名《あざな》を泰昌《やすまさ》、尚城《なおしろ》（一説には高城《たかしろ》）という。唯三郎、只三郎とも書く。唯三郎に限らず当時の人名には当て字を使ったものがかなり見られる。些細なこととして余り重要視しなかったのだろうか？　本編では唯三郎を使用する。

幕末のころの旗本は家康開府時代の親衛隊としての旗本の気概を無くし、長い間の平和に慣れて武士の本分を忘れ、刀は差していても武術の方はからっきしだめだという軟弱な連中が多くなっていたが、その中にあって唯三郎は違っていた。幼少の頃から文武の道に励み、剣術では早くから衆に優《すぐ》れていた。彼が何流の剣を使っていたかは定かでないが、小太刀の達人だったと伝えられている。佐々木唯三郎が当時名人といわれた直心影《じきしんかげ》流の男《お》谷下総守《だにしもうさのかみ》（精一郎）や、これまた達人の誉れの高かった榊原鍵吉《さかきばらけんきち》らと肩を並べて、幕府講武所《こうぶしょ》の師範を勤めていたことから考えると、名人とまではいかなくともかなりの使い手であったことは頷《うなず》ける。

文久三年（一八六三）、幕府が募集した浪士隊『三百組』の結成に当たり、佐々木は浪士出役《でやく》となって京都に随行した。この浪士隊募集の黒幕は清河（川）八郎で、江戸にごろごろしている浪士たちを幕府の手で集めさせ、それで浪士隊を編制し、攘夷討幕へ利用しようという策謀だった。京都に着いてからそのことに気づいた芹沢鴨《せりざわかも》、近藤勇《こんどういさみ》たちは浪士隊と決別して、新選組を組織したが、このとき、その分離独立を援助したのが佐々木唯三郎だったと言われている。つまり京都守護職だった松平容保《かたもり》は会津藩主であり、同藩の重役だったのが唯三郎にとっては実兄の手代木直右衛門だったので、これに頼んで会津藩御預かりという身分保証を取り付けてやったというのである。一説には佐々木は最初から浪士隊に加わったのではなく、清河八郎の陰謀に気付いた老中板倉周防守《すおうのかみ》が、彼を暗殺するために京都に送り込んだ刺客だったとも言われている。それによると周防守の密命を受けた佐々木は、五名の同志と共に江戸を発《た》ち、清河八郎が浪士隊を引き連れて京都を出発、江戸に戻ろうとしている間際に到着、直ちに浪士隊に入隊した、というものである。佐々木らは道中の何処かで清河を斬ろうと狙ったが、清河も身に危険が迫っていることをうすうす気付いているので、常に腹心の者四、五名にまもらせていたので隙がなく、とうとう道中では果たせなかった。そこで江戸に戻ってからもつけ狙い、ようやく赤羽橋で目的を果たすが、この功績で佐々木は加増され、翌元治元年（一八六四）、見廻組が結成されるとその組頭に抜擢《ばってき》されたというのである。

しかし、この説は信じがたいところがある。その一つは江戸へ戻ろうとしている浪士隊に入隊するという無理である。京都に着き、これから仕事をしようというときならいざ知らず、用が無くなって帰るという隊に入隊するというのはおかしな話で、身辺を警戒していた清河が怪《あや》しいと気づかない筈はない。第二には浪士隊の出発直前に京都に着いた佐々木が芹沢、近藤らを会津藩に紹介する余裕があっただろうか？　仮にあったとしても佐々木は芹沢、近藤らとはそれまで面識がなかった筈だから、見も知らぬその連中のためにいきなり一肌《ひとはだ》脱ぐだろうか？　こう考えてくると、佐々木は浪士隊の世話係として最初から浪士隊に同行していたと考えるのが順当のように思える。江戸から京都へ向かう道中でも浪士隊内部でいろいろなトラブルが生じている。それらを通じて佐々木は早くも近藤一派がただ者ではないと見たに違いない。このことは同行した山岡鉄太郎（鉄舟）も近藤たちに着目していたというから、既に近藤一派は目立つ存在になっていたと思われる。だからこそ近藤たちが清河と袂《たもと》を分かって新選組を組織したさいに、思想信念を共にする佐々木が手を貸し、会津藩に紹介したと考える方が理に合っている。

佐々木に対し清河暗殺の密命が来たのはその後のことだろう。佐々木が清河と共に浪士隊を引き連れ江戸に戻ったのは、道中にて清河を討ち果たすためというよりも、浪士隊の世話係としての任務からであったろうと筆者は見る。それはともかくとして佐々木唯三郎の名が世間に知られるようになったのは清河八郎の暗殺からだから、まずそのことから述べよう。

清河八郎の策謀

文久二年（一八六二）も押し詰まったある日、幕府講武所剣術師範役並出役で、剣客としても知られていた松平上総介《かずさのすけ》忠敏（当時、主税介《ちからのすけ》）が整然たる供廻りで登城し、越前の松平春嶽《しゅんがく》に面会した。春嶽は幕府の政事総裁で言わば本当の大老職だった。

上総介は家康の六男松平忠輝の後胤だから、徳川の親類筋である。別に決まった役職も領地もなく、捨《す》て扶持《ぶち》として僅かに二十人扶持を貰い、牛込の二合半坂に屋敷を持っていたが、いざとなれば白無垢を着て登城、御譜代大名の上席に着く身分だった。この上総介が春嶽に向かって浪士募集のことを献言した。というのはその頃、既に京都を中心にして尊王攘夷論が沸騰し、勤王派、佐幕派入り乱れて殺傷事件なども頻発しており、また混乱した時局に便乗した不逞《ふてい》の輩《やから》がごたごたを起こしかねない状態で、幕府としても頭を悩ましていた。しかもその傾向はおひざ元の江戸でも起こる恐れがあった。そこでこういった危険性のある江戸の浪士たちを狩り集めて浪士隊を編制し、これに規律と訓練を施して京都に送り込み、京の治安維持に当たらせては……という意見であった。

「なるほど、毒をもって毒を制すか……。これは面白い」

と春嶽は心を動かした。この上総介の献策は、しかし彼の考えではなく、清河八郎の画策で、上総介をうまく操ったわけである。

そこで清河八郎という人物について述べておく必要がある。

清河八郎は天保元年（一八三〇）に出羽《でわ》国田川郡清川村の名主の家に生まれた。本名斎藤元司。十七歳のときに江戸に出て千葉周作の門に入り、北辰《ほくしん》一刀流を、また東条一堂、安積《あさか》艮斎《ごんさい》に学問を学んだ。剣の腕は相当なもので、彼の政治的な名声の方が高かったので剣名の方は薄れているが、剣客としても一流だったという説と、剣はそれほどでも無かったが、根が利口で、器用な男だったので疋田《ひきた》流の居合いなども覚え、据え物斬りなどもこなし、師匠の千葉周作の組み太刀などの真似も上手で、そこへもってきて当時の武道家の苦手とした学問があり、弁舌が爽やかだったので周作から大事にされた、掛け値の無いところ他の道場の上目録というのが精一杯だったろう、という説とがある。

それはともかくとして、八郎は弱冠二十五歳で、神田三河町に私塾を開き、弟子を養成した。彼は部下や門弟たちをかわいがり、よく面倒を見たので多くの者から慕われていたという。この頃、郷里の名を取って清河（川）と改名、八郎正明と名乗った。その頃から政治に関心を持つようになり、もともと野心家で天下に名をなしたいと願っていたから、いつまでも一私塾の主で満足出来る筈もなく、やがて水戸藩その他の志士たちと交わり、尊王攘夷運動に身を挺するようになった。

文久元年の五月二十日のことであった。両国の万八楼という料亭で書画会に名を借りた志士たちの会合があった。その戻り道、日本橋の甚右衛門町というところへさしかかったとき、清河は擦《す》れ違った町人を斬りすてた。理由はたいしたことではなく、町人が刀に振れたが詫びもせずに行き過ぎようとしたのが気に触ったという。このとき、八郎は多少酔ってはいたが、それにしても白昼天下の路上で平気で殺人を犯すのだからまともとは言えない。このとき同行していたのが、後に新選組を組織し清河から離れていった水戸藩の浪人芹沢鴨と山岡鉄太郎で、芹沢も乱暴者では人後に落ちない男だが、これにはびっくりした、という。

「このとき、払った刀の勢いで町人の首がさっと飛んで、前の瀬戸物屋の店先に重ねてあった皿の上にのっかった、と父がよく話していました」

とは鉄舟の長女松子刀自《とじ》の回顧談。いくら血なまぐさいこの時代でも殺人は天下の法度《はっと》。安手のテレビや映画のようにばったばったと人を斬って平気でいられるわけはなかった。当然八郎には探索の手がまわった。そこで江戸にはいられず、実弟の斎藤熊三郎、妾のお蓮、門人の安積、伊牟田《いむた》らを伴って川越在の知人宅に逃げ、しばらくそこに潜伏していたが、ここも捕吏の目が光りだしたので一同を置き去りにしたまま姿をくらませた。そのため踏み込んだものの八郎を捕らえ損なった捕吏は、残っていた一同を引き立て拷問にかけた。お蓮は拷問に耐え兼ねて悶死している。清河八郎をよく言わない連中はこういった点

に彼の冷酷な人間性が見られると非難しているが、一面ではなかなか親切なところもあって、部下が風邪をひいて熱があると、

「寒さが一番毒だ。これを着るがよい」

と自分が着ていた絹布の着物を脱いで与えたという話しもある。二重人格的なところと言うべきか、自分は国家にとって無くてはならない人間である、いまここで死んでは国家の損失になるといった誇大思想から、長年身のまわりの世話を焼かせた愛妾も実の弟も門弟達も平然と犠牲にし〝大義親を滅す〟と嘯《うそぶ》いていられたのかも知れない。

川越を単身脱出してからの八郎は関西から関東、奥州に至るまで、それこそ東奔西走、席の温《あたた》まる暇もなく、あるときは同志と幕府の転覆を議し、またあるときは博徒無頼の徒にまで討幕論を説いて廻った。すなわちその年の十一月には京都の田中河内介のところに現われ、侍従中山忠愛《ただなる》中将への斡旋を依頼、中将に『九州に於いて尊王攘夷の義徒を募《つの》る』という手書《しゅしょ》を書かせ、これを懐《ふところ》にして九州に渡り、頻《しき》りに策動した。翌文久二年の四月二十三日に起こった有名な寺田屋事件の黒幕も八郎で、これは失敗に帰した。その間、朝廷に対したびたび建白《けんぱく》などを繰り返している。こうした彼の周辺には絶えず幕吏の目が付きまとうので、

「一度外出すれば首が一寸ずつ縮まる」

とその頃の八郎は語っている。これでは仕事がやりにくくて仕方がない。そこで何とか

幕吏から追われないようにする工夫は無いものかと考えた。考えに考えた末、ようやく思いついたのが『急務三策』の献策だった。

この急務三策を八郎は直接松平春嶽に献じたが、一に攘夷、二に大赦、三に英才の教育を説いたものであった。押し寄せる外国の侵略的攻勢は断固としてうち払わねばならない。そのためには多少の罪科はあってもこの際国家に役立つ者はそれを許し、登用すべきで、これと兼ねて広く天下に英才を求め、身分の上下など問題にせず、国家の役に立てるべきである、というのである。理論としてはまったくその通りなので春嶽もこれを容《い》れる気になった。しかし、裏を返せばこの献策はすべて八郎自身の保身と目的貫徹のためのものであった。大赦によりまず自分の殺人の罪を消して、青天白日の身となって活動に乗り出す下地を作り、さらに獄舎につながれている同志の者を解放して討幕戦線に糾合《きゅうごう》する、これが狙いだった。この急務三策を提出しておいてから八郎は次の手として『浪士募集』策を松平上総介を通じて幕府に献策したのであった。前にも述べたように、幕府の手で浪士隊を組織させ、出来上がった浪士隊を使って討幕しようというのが狙いだから、いかにも策士としての面目躍如たるものがあり、これが八郎が幕府相手に打った大芝居の最大なるものであった。その画策はみごと成功して、幕府は老中板倉周防守を浪士お掛かりとし、上総介に対して十二月の十九日、正式に浪士募集の沙汰を下した。まんまと一杯食ったわけである。清河八郎はそのころ水戸に隠れていたが、どうやら自分の思ったとおりになる気配に、江戸に戻って来て、いずれは自分に声が掛かるのを確信して、かねて懇意な山岡鉄太郎のところに寄寓し、待機していた。

上総介は浪士募集の掛かりにはなったものの、そうした仕事が出来るわけがないから八郎を呼び出し、万事を任せた。八郎は時こそきたれと早速浪士募集に取り掛かったが、彼の評判はすこぶる悪く〝ほら吹き八郎〟だとか〝山師の清河〟だとか言われていたので、心ある浪士は募集に応じない。これにはさすがの八郎も参って、自分は表面から身を退き、知人の石坂周造、池田篤太郎に浪士募集を任せることにした。石坂、池田の両名は山岡鉄舟（鉄太郎）の門下であった関係から彼らを信用しない者も、その上に山岡や槍の名人として知られていた高橋伊勢守（泥舟《でいしゅう》）が控えていたので、まず間違いは無かろうと応募してきた。

板倉周防守の心づもりでは良いところを五十名も選んで採用すればよい、というつもりで、一人当たり五十両として二千五百両を用意していたが、文久三年二月四日に小石川伝通院で浪士隊の旗揚げをすることになって、その人数を聞いてびっくりした。清河はけろりとして、

「さよう、二百五十名、いやあるいはそれ以上となり申すか……」

予算の五倍の人数ではどうにもならぬと上総介は辞任してしまった。しかし幕府としても募集した手前、いまさら取りやめろというわけにもゆかず、目付の鵜殿《うどの》甚左衛門（鳩《きゅう》

翁《おう》）を浪士取扱とし、旗本山岡鉄太郎、松岡万《よろず》を取締に任命し、とにかく伝通院内処静院で初会合をした。ところが集まった顔触れを見て、これはひどいと鵜殿たちは思った。なにしろ清河の顔では人は集まらない。そこでなんでもいいから人数だけ揃えろと刀の差しかたも判らない百姓や博徒まで掻き集めて来ている。一方集められた浪士たちも五十両の手当を貰ったうえ直ぐにでも旗本に取り立てられるぐらいに思っていたのが、渡されたのはたったの五両で、旗本取り立てなんてとんでもないというのだから石坂や池田に食ってかかる始末。それでも六日にはどうやら隊の編制が終わり、京に向かって出発したのが八日。一行は二百三十四名だった。清河八郎は一行の中に名前すら出さずに一人本隊から離れて自慢の鉄扇を片手にぶらりぶらりと歩いて行った。この浪士隊の中に後に新選組を結成した芹沢鴨や近藤勇の一派が加わっていたことは言うまでもない。

江戸を出発してから十六日目の文久三年二月二十三日、一行は京都郊外の壬生《みぶ》に到着。すると間髪を入れず八郎の活躍が始まった。浪士一同を新徳寺の本堂に集めた八郎は大刀を引き寄せ、

「諸君に告げる！　我々がこの地へ参ったのは近く上洛ある将軍家茂《いえもち》公の守護とされていたが、それは名のみのことで真は尊王攘夷の先鋒たらんとするにある。即ち直ちに我らの意のある処を天聴《てんちょう》に達する必要がある。その上書は拙者が起草して置いたので聞かれたい」

と意外なことを言い出した。

一同啞然としているのを尻目に八郎は声高らかに起草文を読みあげた。

「右に付き幕府御召には相応じ候へ共《ども》、禄位等は更に相承不申《あいうけたまわりもうさず》、只々尊攘之大義のみ奉相期候間《あいきしたてまつりそうろうあいだ》、万一皇命を妨げ、私意を企て候輩於有之《やからこれあるにおいて》は、たとひ有司の人々たり共、聊無用捨刺責任度《いささかようしゃなくさしせめいつとうにんじたき》一統の決心に御座候間　云々《うんぬん》」

つまり、今度幕府の招集には応じたが俸給は貰っていませんから自由であり、私達はただ尊王攘夷に挺身する覚悟でございます。従って天皇の命を妨げる者はたとえどのような人物（将軍）といえどもこれを除く決心で……といったものであった。

八郎は異論を唱える者があれば斬り捨てる覚悟で、大刀の鯉口を切りぐっと一同を睨みつけた。その勢いに呑まれて、さすがの芹沢や近藤たちも反対できなかった。

翌朝、夜の明けるのを待って八郎は信頼出来る部下六名を選んで、当時国事参政の詰めていた学習院に上書を提出させたが、このときも、

「お取り上げにならなかったら、その場で腹を切れよ」

と言い渡した。このときの八郎は必死だった。

上書はお取り上げとなって、八郎の陰謀は八分どおり成功した。この上はこの連中を訓練して討幕に駆り立てればいいと、八郎は上機嫌だったが、このことが江戸に伝わって、清河にはめられたと、かんかんになったのが、板倉周防守だった。だが、問題が問題だけ

に、表向きどうすることも出来ない。八郎の狙いも判ってきたので、こんな危なっかしい奴をいつまでも騒がしい京都に置いていたのでは、また何をやらかすか分かったもんじゃない。とにかく江戸に呼び戻して監視を強めるに限ると思って考えついたのが生麦《なまむぎ》事件の口実だった。

生麦事件というのは文久二年の八月二十一日、東海道の神奈川と鶴見との間の生麦という所で、薩摩の藩主島津久光の行列先を横浜に住む英人リチャードスンら四人が馬に乗って横切ろうとしたので、御供目付奈良原喜左衛門が斬り捨てた事件で、これが尾を曳いて薩英戦争が起こった。

「生麦事件がどうなるか分からぬ。事によるとエゲレスとの間に戦端を開くようになるやも知れぬ。浪士隊はそれに備えてひとまず江戸に戻れ」

というのが口実だった。八郎にしても、もう上書によって自分らの意のあるところは朝廷に通じたから、江戸に戻って英国相手にひと暴れするのも良いと帰ることにした。

ここでそれまで黙っていた近藤勇の一派は、尊王攘夷についてはもとより反対ではないが、ペテンにかけたような清河八郎のやり口が気に食わないと反発し、

「我らは幕府の召しに応じて集まった者でござる。将軍家よりの直接の御沙汰がないかぎり京より引き揚げるわけには参らぬ」

と反対した。

「何を申すか、これは関白の命でござるぞ。我々は江戸へ下っていよいよ攘夷の急先鋒を勤めることと相成ったのである」

八郎は朝廷が自分等の行動を認めた以上、幕府の命令に服する必要はないと言い立てた。

だが、近藤は、

「貴殿はこの隊の結成時より陰にあって思い通りの事をされてきたが、ことここに至っては見過ごすわけには参らぬ。事ごとに貴殿の指図どおりには成り申さぬ」

と突っぱねた。八郎にとって意外だったのは以前からの親しき友人で、同志だと考えていた芹沢鴨が近藤と行動を共にしたことだった。こうして芹沢、近藤派は浪士隊から分離したが、この分裂派を京都守護職の松平肥後守に紹介したのが、佐々木唯三郎であった。

子母沢寛氏の名著『新選組始末記』によると、

「江戸から来た浪士隊二百二十一名、それに清河が加わって京の春に別れようという十三日、一同が宿舎の庭で草鞋《わらじ》を履《は》いていると高橋伊勢守（泥舟）が新たに浪士取扱となり、講武所剣術教授方佐々木唯三郎、速見又四郎、高久保次郎、依田哲二郎、永井寅之助、広瀬六兵衛らが浪士出役に任じられたという発表があり、行を共にすることになった」

とある。そして後段には「清河と分裂した関東の武骨者十三名は、その日のうちに京都見廻組の佐々木唯三郎の執《と》り成《な》しで守護職へ嘆願書を出し」とある。これでは、浪士隊と共に江戸に戻っていた佐々木が京都にいたことになり、理屈に合わない。見廻組が結成されたのは元治元年の四月だから、八郎が暗殺されて一年後。佐々木は清河暗殺の功により見廻組の組頭に登用されたのだから、この辺にも矛盾がある。だから佐々木は最初から浪士隊と行を共にしたと取るのが順当だろう。

それはともかくとして、江戸に戻った八郎が次に計画したのは横浜襲撃だった。浪士隊を率《ひき》いて横浜に押し出し、市中に火をつけ、その混乱に乗じて外国人を片っ端から惨殺し、外国船を焼き払い、その勢いに乗って神奈川の本営を襲い軍資金を奪う。そして厚木街道から甲府に突っ走り甲府城を攻略、この城に立て籠《こも》って尊王攘夷の義軍を起こせば、諸国でも同じ行動に出る者が続くだろう、というのだった。ずいぶんと甘い計画だが、混乱期の当時としてはまんざら見込みのない話しでもなかった。その決行のため、八郎は三月二十八日から四月十日にかけて出入り厳重な横浜に潜入し、地理などを調べている。しかし、こういった清河らの動きは警戒の眼を光らせていた幕府側にもうすうす判った。もうこれ以上放っては置けないと、清河八郎暗殺の指令が板倉周防守から佐々木唯三郎に下ったのはこの段階だったろうと筆者は見る。

横浜から帰った八郎は風邪に冒《おか》されて、友人の山岡鉄舟の家で寝ていたが、十三日には麻布一の橋の出羽上山《かみのやま》松平藩邸に、これまた友人の金子与三郎を訪ねる約束があるというので出掛けて行った。いつもの通り、黒羽二重の紋付に七子《ななこ》の羽織、鼠竪縞《ねずみたてじま》の仙台平《せんだいひら》の袴。髪は総髪、檜皮《ひわだ》で編んだ陣笠を被《かぶ》り、右手に自慢の大鉄扇を持っていたが、この日は不思議と護衛の者を連れていなかった。なに腰抜けの幕府の奴等に何が出来るものかと甘く見るようになっていたのかも知れないが、油断だった。八郎の隙を鷹の眼のように狙っていた佐々木一味の暗殺者がこの好機を見逃す筈は無かった。

八郎は出がけに高橋泥舟《でいしゅう》のところに立ち寄り、

「奥さん、歌が出来ましたから、白扇を下さい」

と所望し、妻女が差し出す白扇に、

魁《さきが》けてまたさきがけん死出の山

迷いはせまじすめらぎの道

と書いて立ち去っている。虫が知らせたと言うのだろうか。少し行ったところで同志の石坂周造に会った。石坂が何処へ行くのかと尋ねると、金子が我らの企てに同意するというから、血判させるのだ、と答えた。石坂は、刺客が狙っているらしいから気をつけて行け、と注意したが八郎は頷くだけでさして気にしていない様子だった。

上山藩の長屋門は今の麻布一の橋から二の橋へ行く通りに面してあり、裏門は十番《じゅうばん》の方にあった。当時は一の橋から赤羽橋への道は古川に沿って、右側が柳沢侯の屋敷塀、左側は一面の草原だった。その草原の中程にぽつんと一つ、葦簀《よしず》張りの茶店が出ていた。ふだんは閑散としているこの茶店に、この日は珍しく昼過ぎから身なりの立派な武士が六人、休んでいた。六人のうち二人は交替で出掛けて行って、上山藩邸の様子をそれとなく見張っていた。この六人が佐々木の率いる清河暗殺のグループで、かねて見張らせておいた密偵からの注進を受けると直ぐさまやってきて、八郎の帰りを待ち受けていたのである。グループは指揮者の佐々木唯三郎の他、速見又四郎、窪田千太郎、中山周助、高久安次郎、家永治兵衛だった。佐々木は一同に、

「よいか、今日こそ絶好の機会だ。必ず仕留めるのだ。拙者と速見とが清河を迎え、話しかけて清河の気を外《そ》らす。そこを二人が背後から斬る。後の二人は上山藩邸との間にいて、万一仕損じて清河が藩邸に逃げ込もうとしたらこれを斬る。また藩邸から救助の者が出て来たらこれを討つ」

と策を授けた。

八郎が金子の長屋を出たのはもう七つ時（午後四時）を回っていた。まだ夕方には間があって明るかったが、昼過ぎに訪ねて、それまで酒肴《しゅこう》の馳走になっていたので、足もとがよろめく程に酔っていた。話しもうまく行ったので八郎はすっかりご機嫌で、謡曲などを口ずさみながら赤羽橋の方へとやって来ると前の方から二人の武士が近づいて来た。酔ってはいても八郎、足を止めじっと相手を見詰めると、二人は笑《え》みを浮かべてそばに来て、

「これは清河先生。あの節は……」

と被っていた陣笠をとって丁寧に挨拶した。見れば顔見知りの佐々木に速見だ。

「おう、佐々木氏に速見氏か……、一別以来だな」

相手が笠をとって挨拶するのでつい引き込まれて、右手の鉄扇を左手にもちかえ、笠に手をやった。そのために両手がふさがった。

その笠を脱いだなっ、と思う瞬間、背後からさっ！　と肩口を斬り込まれた。

「卑怯っ！」

と刀に手を掛けたが、抜くこともなく、八郎は前のめりに倒れた。背後から斬ったのは窪田とも中山とも高久とも言われているが、刀傷が一太刀であるところから見て、実際に手を下したのは一人だったと判断される。なおこの傷の他に前からの太刀傷もあり、喉から顎にかけて斬り込んでいた。これは恐らく佐々木が抜き打ちに斬ったものだろうと言われているが、仲間の者にもそれが判らぬほどの早業《はやわざ》だったという。

「表門の方で武士が斬られたというので駆けつけてみると、立派な武士が倒れていて首が右に落ちかかるようにして転《ころ》げていました。傷は左の肩先一、二寸ほどのところから首筋の半分くらいまでで、見事な斬り口でした。その上に顎もざっくり割れていました。多分ほとんど同時に前後から斬ったものでしょう」

とは現場を目撃した上山藩士増戸武兵衛の遺談。清河八郎の首は山岡鉄舟によって小石川の伝通院に埋められたが、明治二年（一八六九）になって郷里の山形県庄内の清川村に改葬された。八郎このとき、三十四歳だった。

新選組と見廻組

元治元年（一八六四）の四月、幕府は京都警備強化のために見廻組なるものを組織した。その頃すでに京都には近藤勇の率いる新選組が市中の警邏《けいら》に当たっていたから、これは屋上に屋を架すことになるが、芹沢一派に率いられていた最初の頃の新選組は、近藤や彼の試衛館《しえいかん》道場にいた連中は別として、ほとんどがかき集めの無頼な浪人集団だっただけに押し借り、ゆすり、恐喝などの乱暴狼藉《ろうぜき》を極め、殺傷沙汰が絶えず、京の市民からは〝壬生《みぶ》狼《ろう》〟と呼ばれ蛇蝎《だかつ》のように嫌われ恐れられていた。

これでは困る、しかし新選組は京都守護職会津公のお預かりになって身分が保証されている以上、とり潰《つぶ》すわけには行かない。そこでやはり出所のしっかりした旗本の次男三男の中から腕の立つ者を集めて、これに取り締まらせてはということから見廻組が編制されたのであった。

見廻組の元締めは寄合役の蒔田相模守《まきたさがみのかみ》広孝と交代寄合役の松平因幡守《いなばのかみ》康正。このとき、佐々木唯三郎は清河暗殺の功が認められて組頭に抜擢された。見廻組二百の隊士が京に上ったのはその年の五月の末で、その頃の京の空気は会津、薩摩の謀略により、京を追われた長州藩が巻き返しを計って入京を迫るという緊迫した情況下にあった。いつ戦火が勃発するかも知れないというとき、わずか二百ばかりの隊士ではどうにもならぬというので、さらに京の城番組与力、所司代、組同心の中から役にたちそうな者を採用、それでも足りないので浪士なども加えたから、最初の計画とはかなり違ったものになっていたが、やむを得ない。しかし、彼らは「我らは天下の直参《じきさん》である」という気位の高さを持っていた。新選組と見廻組、同じ任務を持つ二つの隊が同時に京の町中を警邏するのだから当然の結果として対立が生じた。見廻組が新選組を、

「たかが浪人づれではないか……」

と見下すと、新選組の方では、

「なにを遊食の次男坊どもに何ができる」

と軽蔑した。隊長格の佐々木や近藤らはそんなこともなくお互いに協力しあわなければ治安保持はうまくゆかないと解っているが、隊員同士となると反発もひどかった。近藤にしてみれば新選組創立に当たって佐々木の世話になった義理がある。佐々木も近藤には好意を持っていたが、隊となると反《そ》りが合わない。互いに功を争う結果、衝突もしばしば起こった。

それがその年の六月五日、三条小橋の池田屋に新選組が斬り込んで大手柄を立てた。俗に言う池田屋騒動だが、これが京中を震撼させた。これには見廻組もびっくりして、

「奴らもやるもんだなぁ」

と新選組の実力を認め、また続いて起こった七月十八日の禁門の変では佐々木が率いた見廻組が大奮闘して長州勢を散々に悩ました。こんなことからお互いに一目置くようになって、両者の協力は少なくとも表面上はうまく行くようになったという。

新選組については資料も数多く遺《のこ》されていて、調査や研究もなされ、隊員個々の行動についてもかなりはっきりしているのに比べて、どういう訳か見廻組に関しての資料は少なく、調査研究もほとんどなされていない。組の主体をなす者が旗本の次、三男であったことや、佐々木唯三郎ら数名の幹部の氏名、新選組と同様に京都守護職の統括下に置かれていて市中の警戒に当たっていたことは判っているが、それ以外のこととなると不明な点が多い。また京都でどのような働きをしたのかもはっきりしない。そのもやもやとした中にあって、佐々木の率いる七名の暗殺隊が坂本龍馬を斬ったことだけははっきりしている。こういったところから見て、見廻組も新選組と同じようなことをしていたのだろうと判断するしかない。王政復古、幕府の倒壊、続いて起こった鳥羽・伏見の戦い、これには佐々木に率いられた見廻組も奮戦、最後は奥州から北海道の箱館へと転戦を続け、明治二年(一八六九)五月八日に五稜郭《ごりようかく》で降伏、解散している。

ただ一つ興味ある資料がある。それは結城無二三《ゆうきむにぞう》という者の存在である。結城は弘化二年(一八四五)、甲州日下部《くさかべ》の生まれで、最初は勤皇論者であったが、勤皇の志士と称する者たちと付き合っているうちに、いいかげんな者が多く、討幕をするのは勤皇のためという幕府を倒して自分らがとって代わろうという野心からであると見て嫌気がさし、佐幕派に変わり、見廻組に入隊した人物。しかし、旗本出の隊員が主流を占めている見廻組よりは、浪人集団である新選組の方が自分の肌に合っていると後に新選組に転籍している。こういったことは両組の幹部の了解が無ければ出来ない筈だから、後には新選組と見廻組との協力提携はうまく行っていたと見てよいだろう。結城は新選組に移ってからも見廻組にも出入りしていたらしく、坂本龍馬暗殺に加わった今井信郎《のぶお》などと親しく付き合っている。つまり彼は、新選組と見廻組との連絡係のような立場にあったのかも知れない。この結城無二三の孫に当たる結城慎太郎氏は、筆者が以前サン写真新聞の社会部長をしていた頃の整理部長で、一緒に机を並べて仕事をした仲間である。慎太郎氏の少年時代には無二三翁はまだ元気でいろんな話しを聞かされたという。この無二三と今井との関係から、後年、龍馬暗殺の真犯人をめぐってごたごたが生ずるのだが、それは次章に述べる。

龍馬暗殺の謎

さて、話を坂本龍馬暗殺に移すが、龍馬の暗殺についてはこれまでに数多く書かれており、ほとんどの読者の知悉《ちしつ》しているところと思惟《しい》するので、ここでは本筋については簡単に述べ、信頼できる証言を伝えることにする。

龍馬と中岡慎太郎が暗殺されたのは慶応三年（一八六七）の十一月十五日の夜で、この夜の京都は特に冷え込んでいた、とは暗殺現場を目撃した鹿野安兵衛翁の遺談である。鹿野翁は当時十七歳で、峯吉といった。京は河原町四条上ル東側の書林菊屋の倅《せがれ》で、菊屋は土佐藩邸の出入り商人だった。そんなことから鹿野翁は土佐の藩士に顔見知りが多く、坂本、中岡にも、

「峯よ、峯よ」

と可愛がられていた。翁の遺談から一部を引用してみよう。

『私の家は土佐藩邸出入りの本屋でありまして、坂本さんが当時潜んでおられた河原町三条下ル蛸《たこ》薬師角《かど》の醬油商近江屋（井口新助）の近くにありました。このころは物騒なので倒幕運動などをやっていられる方はみんな幾つもの変名を使って居られましたが、坂本さんは西谷梅太郎（才谷と称したとしたものが多いが、鹿野翁はこう言っている。翁の思い違いかもしれないがここでは原文のまま）、中岡さんは横山勘造とか石川清之助と名乗っていられました。中岡さんもご近所に隠れておいででした。

あの日の夕方、坂本さんから中岡さんに手紙が参りまして、それを持って来たのは坂本さんが使っておられた下男の藤吉でした。この藤吉というのは昔雲井龍という相撲取りでしたが、正直なので坂本さんが気に入っておられたのです。私よりもずっと年上でしたが、親しくしていました。藤吉が手紙を持ってきたとき、私はちょうど中岡さんの家におりま

したので、藤吉から受け取った手紙を中岡さんに渡しますと、中岡さんは読んで、

「これから西谷の処《ところ》へ参る」

と申され、縞の羽織に銘仙の着物、寒暑平の袴をはいて出て行かれました』

子爵谷干城《たにたてき》遺稿によると、家を出た中岡は近くにいた谷（当時は谷守部）を訪ねたが、谷が不在だったので、龍馬のところへ行ったことになっている。また出掛けに際して峯吉に手紙を渡し、薩摩屋に持参し、返事は近江屋に持って来い、と言ったとあるが、鹿野翁はそのことには一つも触れていない。再び鹿野翁の話。

『家に帰るとき、つい近くなので近江屋を覗いてみますと、藤吉が店頭で内職の楊枝《ようじ》削りをやっており、そばに土佐藩下横目《したよこめ》役の岡本謙三郎（健三郎とも書く）さんが立っていて、世間話をされていましたので、私も仲間に入りお喋《しやべ》りをしていますと、二階から坂本さんが降りてきて、藤吉に飯を食うから軍鶏《しやも》を買ってきてくれ、と言われました。私は藤吉は仕事中だし、私は格別用も無かったので、私が参りましょうと言って岡本さんと二人で出まして四条通りで岡本さんと別れ、四条小橋のところに在った鳥新という店に参りました。ところが鶏肉が売り切れていて無いので、いま絞《し》めますからと言われそれが出来るまでしばらく店先で待っていました。

やっと出来た鶏肉を大皿に盛って貰って近江屋に戻りますと、不思議なことに表戸が少し開いています。隙間から中をそっと覗きますと大きな男が立っていて、しかも刀を抜い

て居ました。私はびっくりして後ずさりしました。その気配にその男は私の方へやってきて、

「なんだ、峯吉じゃないか……」

と声をかけました。見ると顔見知りの土佐藩士島田小作（嶋田庄作とも書く）さんでした。島田さんは小声で、

「いま坂本と中岡がやられた。賊が降りてきたら斬るから怪我をするといけない。退《さが》っていろ」

と言われたので私は、

「そんな馬鹿なことがありますか、たった今……」

と事情を説明して中に入り、台所から物置の方へ行きますと人の気配がする。戸を開くと主人の井口夫婦が隠れていて、

「二階で大変な事が起こっている」

と申します。私は怖いもの見たさに、二階へ上がろうしますと階段の上からたらたらと血が流れて来ました。急いで上がってみると二階の上がり口のところに藤吉が倒れて苦しんで居ます。賊の気配はもうありませんでしたので、私は大声で島田さんを呼びました。部屋に入ってみますと坂本さんが倒れ、もう息が有りません。中岡さんの姿が見えないので、うまく逃げられたのかと思っていると、隣の道具屋井筒嘉兵衛方の屋根の上で呻《うめ》き声

が聞こえる。それが中岡さんでした。下の者たちも呼んで中岡さんを部屋に運びこんで手当を加えると中岡さんは気づかれて、至急陸援隊の陣屋に知らせてくれと言われますので、私が裸馬に乗って百万遍《ひゃくまんべん》の東堺（今の京都大学の東側）に在った陣屋へと注進に走りました』

鹿野翁の遺談にはどうして島田が龍馬らの遭難を知って駆けつけたかというところが明らかでないが、井口新助の語ったところによると、

『このとき、私は下の奥の間で火鉢にあたり、そばで家内が四つになる新之助と二つになる妹とに添い寝をしていました。裏の方で来客があったらしいと思っていたら直ぐに騒ぎが起こりました。これは一大事だと急を土佐藩邸に知らせようと門口に行きますと、刺客の仲間らしいのが立番していました。いけない、と引き返して、家内に、声を起《た》てると殺されるから静かにしてろ、と言い頭から布団を被せ、裏からそっと抜けて土佐藩邸に知らせました。そこで島田さんがおっとり刀で駆けつけ、ちょうどその直後に峯吉が戻って来たのです』

とあり、つじつまは合う。知らせを受けて土佐藩では直ぐに藩医の川村某を派遣したが、龍馬の方は既に絶命していてどうにもならない。だが中岡は十一か所ほどずたずたに斬られてはいたが、割合に元気だった。藤吉もまだこのときは息があったが、重傷で物も言えずに次の日に死んだ。

刺客が踏み込んだとき、その場に居合わせたのは龍馬、慎太郎、藤吉の三人だけで、しかも三人とも死亡しているので詳しいことは判らない。しかし、曾和《そわ》慎八郎、谷守部、毛利恭助、田中顕助（後の光顕）、本川安太郎、吉井幸助（後の友実）が駆けつけたとき、慎太郎の意識ははっきりしていて、一同に向かって、

「刀を手許に置かなかったのが不覚だった。坂本といい俺といい咄嗟《とっさ》の間にやられたのだから敵はよほどの武辺者だ。因循遊惰《いんじゅんゆうだ》と笑っていた幕士の中にもまだこんな奴が居るから油断するなよ」

と注意している。この中岡の言葉は唯一人の目撃者の証言だから、多少の錯誤はあったとしても一番信頼の置けるものと言ってよい。

中岡慎太郎が一同に言い残したそのときの模様を総合すると次のようなことになる。

『峯吉と岡本が出て行ってからしばらくして階下で案内を乞う者の声がした。そこで藤吉が出ていったが、自分らは土佐の宮川助五郎が前年三条大橋で制札を捨てようとして新選組に捕らえられ、投獄されていたのを幕府に掛け合って取り返した顚末について話し合っていたので、下にはあまり注意を払わなかった。やがて藤吉が上がってきて面会者があると告げた。（龍馬が会うと言ったのか、断ったのかの証言は無い）

藤吉が部屋を出てゆくと間もなく隣の部屋でばたりと人が転ぶ音がした。それを龍馬はまた階下で店の若い者たちがふざけているのだと思って、

「ほたえな！」

と土佐弁で叱った。その瞬間二人の刺客が飛び込んできた。後はどうなったか夢中で、自分は刀を遠くに置いていて取る間がなかったから、田中顕助から贈られた信国の短刀を鞘ごと抜いて渡りあったが、初太刀を受けているので次第に斬りたてられ、ついに両手両足も斬られて、意識を失った。刺客は気絶している自分の臀部《でんぶ》を二太刀、骨に達するほど深く斬りつけた。その痛みに気がついたが、体の自由がきかないので死んだふりをしていると、

「もうよい、もうよい」

という刺客の声がした。刺客たちが引き上げてしばらくして息を吹き返した坂本は、刀を抜いて行燈《あんどん》の前ににじり寄り、じっと見ていたが、

「慎太、慎太……」

と低く呼び、手は利《き》くか、とかすれ声で言った。

「うん、利く」

と答えると、坂本は行燈を下げて次の六畳の間までよろめきながら行き、手すりにつかまり、

「新助っ、医者を呼べっ！」

と叫んだが、微《かす》かな声となり、

「慎太、俺は脳をやられたからもうだめだ」と言ったのが最後だった』
龍馬の傷は前額部を横に払ったもの、肩から背中にかけて斬りおろしたもの、さらに一太刀頭に入っていて傷の数は中岡よりも少ないがいずれも致命傷といえる深い傷だった。あっという瞬間にそれだけ斬ったのだからよほどの手だれの者の仕業と思えた。
坂本、中岡暗殺の下手人捜しが同志の者や土佐藩士、二人が率いていた陸援隊、海援隊によって懸命に行われたがとうとう判らず、箱館の戦争が終わるまでは新選組の仕業に違いないと見られていた。それには理由がある。現場に落ちていた蠟色《ろいろ》の刀の鞘が、新選組の原田左之助の物だという元新選組隊員の篠原泰之進、阿部十郎、内海次郎らの証言。中岡が生前に言った、「奴らの一人が斬りつけるときに〝こなくそっ〟と叫んだ」という言葉。原田が四国松山藩の浪人で、〝こなくそ〟というのも松山の方言であるというところから、原田が下手人の一人で、それに遺されていた瓢亭《ひょうてい》の焼き印のある下駄は、前夜新選組に貸したという瓢亭主人の証言などから新選組への疑惑が決定的なものになったのであった。そこで壬生《みぶ》の新選組屯所を襲撃しようというところまでいったが、今に維新の大号令が出る。そのときこそ我らは命がけの働きをしなければならぬ。報復のための斬姦《ざんかん》といった小事にこだわるべきではない、と言った田中顕助などの反対意見などがあり、実現しなかった。今日では既に明らかになっているが、この事件には新選組は介入していない。しかし、近藤勇は佐々木唯三郎の率いる見廻組がやったことを知っていたらしく、事件後

数日してからある酒宴の席で、

「佐々木が坂本を殺《や》ってくれたので、酒がうまく飲めるが、あの坂本を斬るとは佐々木もたいした奴だ」

といった意味のことを喋ったと、その席に出ていた新選組の中でも暗殺にかけては第一人者といわれた大石鍬次郎《くわじろう》が語っている。

近藤への疑惑は最後までつきまとっていて、彼が野州流山《やしゅうながれやま》で捕らえられてから、龍馬暗殺の主犯であろうと厳しい尋問を受けたが、近藤は否定し続け、また下手人が佐々木であることも喋らず、板橋で斬られた。

明治元年（一八六八）、新選組や見廻組の残党は箱館に逃れ、榎本武揚《たけあき》、大鳥圭介らと共に五稜郭《ごりょうかく》に立て籠《こも》って反抗していたが、ついに敗れ降伏。その折り捕らえられた新選組の隊員は龍馬暗殺の件について特に厳しく取り調べられ、大石鍬次郎のごときは拷問の苦しさに、自分が龍馬を暗殺したと嘘の白状をして探索を混乱させた。

この箱館降伏人の中に、前にもちょっと触れた今井信郎《のぶお》がいた。やはり直参の出だが見廻組の多くが次、三男が多い中で、彼は長男だった。直参と言っても身分は低かった。十八歳で直心影流の榊原鍵吉の門に入り修業、後には講武所師範となり、片手打ちといった刀法などを編み出しているところから見て達人の域に達していたのだろう。彼が幕命によって京都に上り、見廻組に入ったのは慶応三年（一八六七）十月だから龍馬暗殺の一月半前。この今井を取り調べたことから坂本、中岡暗殺の真の下手人が浮かび上がった。すなわち明治三年二月から九月に至る兵部省および刑部省の今井信郎口書《くちがき》によれば、龍馬ら暗殺の下手人は見廻組組長の佐々木唯三郎以下渡辺吉太郎、高橋安次郎、桂隼之助、土肥仲蔵、桜井大三郎、今井信郎の七名で暗殺に向かったことになっている。すなわち、

「刑部省口書
　元京都見廻組
　今井信郎　口上
　年　三十歳
　十月中比《ゴロ》、与頭《クミガシラ》佐々木唯三郎旅宿へ呼寄候ニ付……」

とあって次のように述べている。

『自分他五名の者は組頭の佐々木に呼ばれたので訪ねると、佐々木が言うには、「先年、土佐の坂本龍馬は伏見において、逮捕に向かった伏見奉行所同心二名を短筒《たんづつ》にて撃ち逃走し行方をくらました。最近彼が河原町三条下ル町家に潜伏している事が判明した。そこでこれより逮捕に向かうが、今度は逃がさぬよう、万一手に余るようなら討ち果たしても良い」

そのとき、組頭は、龍馬の潜伏している近江屋は土佐藩邸に近く、彼はその二階に居るが、一人ではなく同宿の者も有ると思えるから、渡辺、高橋、桂の三名が二階に踏み込

む。後の者は下にいて見張り、土佐藩邸などから坂本の仲間が来たらこれを防ぐ、という手筈を申し渡しました。午後の二時頃一同にて近江屋へ参り、桂が命を受けて坂本の在否を探ったところ留守だというので、一応引き返して東山の辺りをぶらぶらし、午後の八時頃に再び訪ねました。

まず佐々木組頭が案内を乞うて、

「自分等は松代《まつしろ》藩の者だが、先生にお目に掛かりたい」

と取り次ぎの男に偽《にせ》の名札を差し出すと、その者は疑いもせず二階へ上がっていったから、今度は居るというので手筈の通り渡辺、高橋、桂の三名が直ぐその後について二階へ。自分と土肥と桜井は階下で見張り、佐々木組頭は二階への上がり口のところに立って二階の様子を窺っていました。自分は奥の間で家の者が騒ぐので、

「静かにしろ」

と取り鎮《しず》めに行き、戻ってくると二階から三人がかけ降りてきて、

「龍馬の他二人居たが手に負えんので斬った。龍馬は仕留めたが、後の二人は斬りたおしたものの生死の程は判らない」

と報告しました。佐々木組頭は、

「さようか、ご苦労。やむを得んだろう」

と引き上げを命じました』

坂本龍馬の暗殺事件は暗殺が横行した当時にあっても、特に耳目を引いた大事件であっただけに、明治になって時効が成立すると、実はあの下手人は自分であったと新聞などに名乗り出るものがかなりあった。しかしそのほとんどが売名の徒で、信憑性《しんぴょうせい》のあるものは無かった。

その中にあって、明治三十三年の五月、雑誌近畿評論の第十七号に掲載された今井信郎の「自分が坂本龍馬を斬った下手人である」という記事は、当人が暗殺隊の一員であった事がはっきりしているだけに大きな反響を呼んだ。今井はこの頃は大井川のそばの金谷村(静岡県)に入植していて、敬虔なキリスト教徒になっていた。

この記事を読んで激怒したのが、西南戦争で勇名を轟かせた谷干城《たてき》将軍で、龍馬が殺されたとき、駆けつけて現場を見ている。ところが今井の話は余りに事実と違いすぎる。そこで谷は今井を売名のための偽者と決めつけ攻撃した。このことは村で人々から尊敬され、静かな余生を送っていた今井にとっては甚《はなは》だ迷惑なことだった。というのはこの記事は今井自身が書いた物ではない。前にも述べたが、新選組と見廻組との連絡係のようなことをしていた結城無二三の息子の礼一郎が書いた物だったからである。

晩年になってからのある日、今井は親しかった結城を山梨に訪ねた。そしてすすめられるままに一晩泊まったが、その頃、礼一郎は甲斐新聞の主筆であった。無二三は息子を今井に引き合わせ、

「この人が坂本龍馬を斬った人だ。話を聞いてご覧」

と言った。無二三の気持では坂本を斬りに行った人だ、という意味であったかも知れないが、礼一郎は龍馬を斬ったのがこの人だと思い込んだ。昔の親友の息子に話すのだから今井も、このことが後で大問題になるとも思わず、尋ねられるままに気楽に喋ったらしい。話が面白いので礼一郎はこれを自分の新聞に連載した。それも勝手なフィクションを交《まじ》えて書いた。だからこれが正確な記録である筈がない。この記事が後に近畿評論に転載されたのであった。

「私は俗うけするように半分小説化した記事にした。そのために今井さんに甚だご迷惑を掛けたことを申し訳なく思っている。そして文筆が他に及ぼす影響の恐ろしさをつくづく反省させられた」

といった意味のことを礼一郎は述べている。

さて、紙数も無くなったので、佐々木唯三郎と暗殺に加わった人たちのことを簡単に述べよう。

鳥羽・伏見の戦いが始まったとき、佐々木の率いる見廻組隊員は四百名で、最初は二条城守備に就いていたが、直ぐに鳥羽街道に進出、奮戦したが、薩長の優秀な銃器の前には鍛えた刀槍も役に立たず、潰滅的な打撃を受けて多くの隊員が戦死した。京都伏見区御香《ごこう》宮門前町《ぐうもんぜんまち》にある、御香宮神社に所蔵される戊辰《ぼしん》東軍戦死者霊名簿の見廻組の部には、龍馬暗殺に加わった隊員に就いて次の記載がある。

見廻組肝煎《きもいり》　渡辺吉太郎　二十六歳
正月三日ヨリ五日ニ至ル鳥羽、淀、橋本ノ戦ニテ戦傷死。遺骨ハ大坂山小橋寺町心眼寺ニ葬ル。

同　桂隼之助　二十八歳
同ジク四日、戦死。墓処同上。

見廻組伍長　高橋安次郎　二十七歳
五日鳥羽、淀、橋本ニテ戦死。墓処同上。

見廻組並　桜井大三郎　三十歳
三日ヨリ五日ニ至ル鳥羽、淀、八幡、橋本地区ニテ戦死。

同　土肥仲蔵　三十六歳
同上。

そして組頭の佐々木唯三郎については、

京都見廻組頭並頭取兼　佐々木唯三郎尚城　三十三歳
正月五日ヨリ同六日ニ至ル鳥羽、橋本ニテ負傷後、同八日紀伊国三井寺ニテ死ス。骨ハ同山墓地ニ葬ル。

とある。これで見ると戦死しなかったのは七名の刺客のうち今井一人である。今井は天寿を完《まっと》うして大正七年（一九一八）の六月、静岡県榛原郡阪本村で没している。

薩軍と橋本で戦っていた唯三郎は銃創を負って、兄の手代木直右衛門の陣で傷の手当をしていた。そのとき、あまり苦しそうなので手代木が、

「お前もずいぶん人を斬ったのだから、これくらいの苦痛は当然だろう」

と元気づけると唯三郎は苦笑いしたという。手代木は誰が龍馬を斬ったか、誰が暗殺命令を下したかその裏面の事情を知っていたらしいが、死ぬまでこのことは口にしなかった。

小説ならば佐々木唯三郎に関する色模様をつけ加えるところだが、彼に関してそういった話は伝わっていない。ただ唯三郎が紀州に去った後で、手代木直右衛門のところに水商売の妓《おんな》らしい美しい女性が唯三郎を訪ねて来たが、既にいないと告げると身元も明かさず立ち去ったという。霧の深い朝だったとも言われている。

大石　進

武蔵野次郎

柳河藩士大石進

「エイッ、ヤア!」

裂帛《れっぱく》の声が四辺《あたり》の空気を騒がせて、竹林の中に鳴り響いた。

その掛け声は、襲撃者とも見受けられる三人の武士のひとりが発したものであった。他の両人も、仲間のそんな掛け声に合わせるかのように、無言のうちに襲撃の相手に迫っていった。

襲撃者三人の武士たちが、真剣をもって向かっているのにもかかわらず相手の大柄な男は、途方もなく長大な、おそらく五尺余(約一五一・五センチ余)はあろうかと見られる竹刀《しない》をもって、三人の襲撃者に対抗していたことに、まず、目撃者となった少年の目を驚嘆させるものがあった。

勝負は一瞬の間に終った。

長い竹刀を神業《かみわざ》とも思われる速さで駆使した偉丈夫の大男の迅業《はやわざ》によって、襲撃者の三人の侍たちは、それぞれ、咽喉《のど》を刺され、その場に伏し倒れていた。

「なんともはや、見事な突《つ》き業《わざ》でございますねえ」

「何だ小僧、お前《ぬし》、見ていたのか?」

「ハイ、拝見させていただきました」

もはや、その場には用はないといった態《てい》で偉丈夫の大男は立ち去ろうとしていた。

「もし先生ッ、ちょっとお待ちくださ・い。お願いの儀があるのですが」

少年は懸命に偉丈夫の跡を追った。

「しばらく、お待ちください。ぜひ、先生の門下に加わらせていただきたいのでございますが」

少年の意外な声に歩みを止めた偉丈夫は、少年のほうに顔を向け、人懐《ひとなつ》こい笑顔で尋ねた。

「ホホウ、拙者の門弟に加わりたいと申すのか、そのほうは何処の何という者だ?」

巨漢の遣《つか》い手《て》である侍の眼にフト一瞬、なごやかな光が流れた。

「拙者を柳河藩士の大石進と知ってのうえの申し出なのか?」

「もちろんのことです。わたくしは柳河城下で商家を営んでおります町人の息子ですが、先生の大石神影流を、ぜヒ学びたいとかねてより心がけている者です。名は新之助と申します。なにとぞ、先生の門下生の一人として、道場入りをお許しいただきたくお願いいたします」

少年新之助の言辞のうちには真摯《しんし》な情に充《み》ちたものがあった。

「本日も店におりましたところ、何やら不審な挙動を示し、先生を襲撃せんものと待伏せしている、おそらく黒田藩の侍たち三人と推察されたのですが、どのような結果になるのか心配で、ついこの場まで、彼らのあとを尾《つ》けて参った次第でございますが、先生の見事な剣技によって、たちまち、襲撃者の三人が斃《たお》されたことを見学できまして、心から喜ぶと同時に、一段と先生の門下生に加えていただく念をいっそう強いものにいたしたのでございます」

「新之助と申したな。町人とはいえ、これからの時代には剣を学んでいてなんらの不都合はないと思う。後日、父親と同道し、改めてわしの道場へ参るとよい」

六尺（一八一・八センチ）を超す巨漢の大石進であったが、少年に対する口調には、温和な気持が見られた。

筑後柳河十一万九千石・立花《たちばな》左《さ》近将監《こんしょうげん》の城下町に店舗を張る米問屋筑後屋の一人息子新之助は、かくて兵法師範役大石道場の末席に加えられることになった。

門弟連の一部にはこの事に対し不満がないこともなかったが、

「これからの時勢では、町人が武術を学んでも、どうこういうような時代ではないと思われるから、わしが新之助を鍛えあげてやることも面白いのではないかな」

という道場主大石進の一言で、こともなく収まった。

大石神影流の得意とする技《わざ》は、一にも二にも「突き」技《わざ》であった。従って、用いられる武具の竹刀も、特別に誂《あつら》えられた長い竹刀であった。大人でも手に余るような長い竹刀であったから、少年の身にとっては決して使いよい竹刀とは言えなかった。少年新之助の身長よりも長い竹刀は、ただ構えるだけでも、容易なことではなかった。

「よいか、新之助、ここに一本の糸に吊り下げられた一文銭がある。まず、これを突く練習に励むがよい。ただし、言っておくがこれは難かしいぞ。決して出来ないからといって途中で止めてはいかんぞ」

師の進は、新弟子の新之助に命じた。

大石神影流を学ぶことになった新之助の第一歩はここに始まったのである。

「新之助、聞けばお前は近ごろ剣術を学んでいるとのことじゃが、わしら町人には十露盤《そろばん》だけが大切ではないのかな？」

帳面付けを手伝っていた新之助に、父親の筑後屋新兵衛は、温和な態度で尋ねた。

「ハイ。大石道場に稽古に通っております。道場主の大石進先生は、まことに立派な御仁であり、未熟な私にも剣の極意が分かるように、手をとり足をとって教授してくれておられます。私たち町人にとってもこれからの多難な時代に処してゆくためには、剣を学んでいても少しも余計なことではない、というよりもかならずや役に立つのではないかと、常々お教えくださいます」

紅顔の美少年新之助の面には、明るい微笑さえ浮かび上っていた。そんな一人息子の顔をジッと黙視するほかない筑後屋新兵衛であった。

江戸出府

柳河の小天地に跼蹐《きょくせき》しているだけでは大石神影流の名はあがらない。天下にその名を知らせるためには、江戸へ出なければならない。

「よしッ！　わしは江戸へ出るぞッ！」

進は決意した。

大石神影流の妙技である突きに敵する他流派は、なるほど柳河城下や近辺には一つもなかった。隣接する黒田藩の福岡城下においてすら、そういう道場主は一人として存在していなかったからである。すなわち、無敵の快進撃を続ける大石進であった。

余談ながら、ここでちょっと大石進という幕末の剣客の姓名について考察してみたい。旧幕時代までの侍連の名前は、大体、「郎」とか「衛門」とかが付く厳《いかめ》しいものが平均して多く見られた。従って大石進のように三字の姓名はあまりなかったということも、また事実であった。

日本の歴史上の実在人物で大石の姓を持つ著名人物といえば、われわれはすぐに「大石内蔵助《くらのすけ》」の名を思い浮かべることができるだろう。「大石内蔵助」といえば、赤穂藩の筆頭家老であり、忠臣蔵仇討一件であまりにも有名な史上実在人物である。

「大石内蔵助」

「大石　進」

と列記して感じられることは、一方が「助」が付いていることで、いかにも侍の名として納得されるのだが、一方は現代に生きる日本人男性の姓名といっても通用しそうな現代性が痛感される三字名であるということに、はなはだ興味深いものがあるといってよい。「進」と命名した父親の旧幕時代においては、珍重に値すべき先見性に注目すべきものがあるということかも知れない。息子にそういう洒落《しやれ》た名前を付けながら、自身は大石道場の主であったこの父親が、大石太郎兵衛という何とも旧幕時代の田舎剣士そのものを表現しているような旧式な名の持主であったというあたりも面白い。

さて、柳河藩剣術師範役としての大石進の第一回目の江戸出府は、天保三年（一八三二）のことであった。

愛弟子の筑後屋新之助も師に同行した。もっとも旅の費用は、金持ちの筑後屋のことで、自己負担であり、師の進にはなんらの迷惑をかけずに済ませていた。というよりも、出府途上の細々《こまごま》した費用は、新之助の懐《ふところ》から出ているものが多分にあったかもしれなかった。

新之助にとってこのうえなく興味深く感じられたことであると同時に、勉強にもなったことは、出府の旅の途上で、各城下町を通りすぎたとき、目についた剣道場があると、大石進は試合を申し込み、一度も敗れたことがなかったことであった。師大石進に対する新之助の敬慕の念は、こうした出来事によっても一段と高いものになっていったというのも、当然のところであったであろう。

試合を申し込んだいずれの道場においても、共通していたことは、進の卓越した剣の妙技、突きが冴えていたことであった。

試合が始まると、まず相手は大石進の六尺有余の巨体に圧倒されてしまうのが、いつもの例になっていた。しかも進の手にする五尺余（一五一センチ余）の長い竹刀に恐れを新たにするのであった。その長い竹刀が、真一文字に糸をひいたように、咽喉をめがけて伸びてくる突きの神業的な剣技には、どう敵《かな》うべくもないと思われるのであった。

またまた余談にわたるが、昔の旧日本陸軍軍隊においては、特に歩兵科では、この〝銃剣術〟が熱心に行われていた。朝食前の一刻がこの錬磨の時間に充《あ》てられていたのである。防具は剣道の場合とほとんど同じであり、胴、面を付けた上に、剣道と違う点は、左肩にちょうど甲殻類のハサミのウデを思わせる頑丈な防具を付けることであった。体格の貧弱な者にとっては、この左肩に付ける防具は重荷であり、これを付けただけで、もうまったく左腕の自由を奪われたような重味が感じられたものである。

三八式歩兵銃に銃剣を取り付けた長さとちょうど同じ長さになる木銃（先端にタンポ槍と同形式の綿を丸めて革で包んだタンポが付いている）が、武器である。さて、相手と右半身に

なって対し、適当な間合いを取って、突きの機をうかがうわけだが、剣道と違い、ただ、
突きの一手だけという銃剣術がいかに至難なワザであるかということは、一度でもこれを
行った者でないと分からないかもしれないが、相手の咽喉を突くということは容易なワザ
ではない。
剣道の場合と違って、木銃で相手の面なり、籠手《こて》を叩くということができない。あくま
で突くだけの機をうかがうことになるが、そんな機会がそんなに数多くあるわけではない。
従って、銃剣術の高段者ともなる者には、特に相手を試合前から呑んでしまうほどの威圧
感の持主でなければならないという条件が挙げられるだろう（体格が雄偉《ゆうい》な者、膂力《りょりょく》に秀れ
た者等）。向かい合っただけで相手にこの上ない恐怖感を与え、一種の催眠術にかけたと
同様の効果を発揮し得る者が突きの妙手になることができるということになる。

大石進の場合にも、正にその点において、まったく同一のことがあったということがで
きるのではあるまいか。六尺有余の巨体をもって、試合前から相手の気勢をそいでしまう。
しかも並以上の長い竹刀を揮《ふる》っての突きだけに、一つとして失敗はなかったことと思われ
る。

その実証を、江戸出府途上の各地で行われた道場主連を相手とする他流試合において、
新之助は実見することができたのであった。

「まったく、驚くべき先生の剣のワザだ。私も速くあのような見事な突きの妙技を会得し

たいものだ」

新之助にとっては、師大石進に同道することのできた今度の江戸出府の旅を、改めて有意義なものに痛感させられたのであった。

祖父八左衛門の情熱

九州の生んだ剣客大石進とその愛弟子の筑後屋新之助の両人が、江戸出府の旅を続けている間に、大石進という人物の経歴について、いささかふれておくことにしよう。

柳河藩の兵法師範役を務めていた大石神影流道場の主《あるじ》大石太郎兵衛種行の長男として、大石進種次《たねつぐ》は寛政九年（一七九七）に筑後三池郡宮部村（現・大牟田市内）で生まれた。

進にとって最初の剣の師となったのは、祖父の八左衛門種政であった。

「進には、剣の天才的才能が見出《みいだ》せる。これは大いに伸ばしてやらねばなるまい。わが大石道場の継承者として、進を鍛えあげなければならないのだ」

と息子の太郎兵衛に語る祖父の顔には、孫の進に対し心から大きな期待、日本一の剣客に仕立て上げたいという熱気が籠っているかに見えた。

この祖父八左衛門から進は、愛洲《あいす》陰流の剣と、大島流槍術を教えられた。とくに槍術を習ったことに大きな意味があったと思われる。槍という長い武器をもって、相手を突くことに巧みになるという利点が、そのまま長い竹刀を駆使して相手を突き崩してしまうという、進の独特の技《わざ》が考案されたからである。普通の竹刀よりも二尺余も長い竹刀を、特別に注文して造らせた進は、竹刀のほかにも、面や籠手《こて》の製作にも種々の工夫を凝らし、独自の武具の考案者としても柳河城下でその名をあげていったのである。

大石進の独特の剣技（突きの妙手）は、どこから発想されたものであろうかと考えてみた場合、はなはだ興味をそそられるものがあるのだが、前記のように、祖父から槍術を習得させられたことに加えて、もう一つ、その少年時代に、正月恒例の城中において開催される晴れの御前試合に出場した少年大石進が、残念ながら敗退するという屈辱を受けたことがあげられるだろう。

「よしッ、もう一度、修行のやり直しだ。相手の剣に絶対に斬られることのない技《わざ》を考え出すことが、おれに課せられた運命である。かならずや、このことを成し遂げてみせるぞッ」

進の剣の修行は旧に倍して激しいものになった。

突き技を完璧なものにするためには、どのような策をとったらいいものか、進は祖父の八左衛門にも相談してみた。

「一文銭を木の枝にぶら下げて、それを間違いなく突くことができる修行を始めてみるのがよかろう」

八左衛門は厳しい面貌で、孫の進に稽古の方法を示してくれた。

「ハイッ、そのようにいたしますッ」

決意も新たな少年進は、それでもキッパリとした態度で祖父の命ずるとおりに突き技の会得に励むことを、明るい顔で応えるのであった。かくて、進の、木々の技に吊し風のまにまに揺れ動く小さな一文銭を相手とする激しい毎日の剣の修行が開始された。

進は左利《き》きであった。左腕が右腕よりも利いて強いという利点を大いに活《い》かし、竹刀を構えて相手方に迫ると見るやいなや、左腕をいっぱいに伸ばし、相手の咽喉部をあやまたずに突くという必殺技が、この少年時代からの激しい一文銭を突くという練磨から生まれたのであった。一文銭とはこと代り、活きて動いている相手の咽喉元をあやまたずに突き崩すという技《わざ》は、口では容易に言えても、なかなかに難しい技であった。

しかし、生まれつき剣の天才を恵まれていた進にとっては、試合の相手が、そのまま一文銭に見えるかのごとくに、鮮やかな突きの妙技が相手の咽喉元を、一寸の狂いもなく捉《とら》えることができるまでに、進の剣技は目覚ましい進歩を遂げていた。

筑後屋の新之助が町人の身ながら弟子入りを決意するキッカケとなった、黒田藩士三名の襲撃をたちまちのうちにしりぞけてしまった進の竹刀さばきの妙技も、進の天才ぶりを遺憾なく発揮したものであったことはいうまでもないが、一文銭突きの独自の工夫が、巧みに活かされていたことも、又、それだけの効果を進の剣技に与えていたのであった。

「新之助、おまえもまず初めに、木の枝に吊した一文銭を突く練磨から修行を始めよ」と師の進から命じられたままに新之助の一文銭を相手とする激しい稽古が始まった。生まれつきの町人であるという身分が惜しまれるくらいに新之助の剣技は、これも目覚ましい進歩を見せ、師の進を喜ばせていた。

筑後屋の店頭で商売の道にも励んでいた新之助であったが、フト目にする一文銭が木の枝にぶら下がっており、それに向かって竹刀を繰り出してゆく己れの姿が、脳裏に明滅するのであった。

文政五年（一八二二）、大石進は二十六歳になっていたが、この年に父大石太郎兵衛から愛洲陰流の極意を授けられた。それから三年後の文政八年に父太郎兵衛が死没した後を継承した進は、大石家の当主としてさっそく藩の兵法師範役に就くことになった。

父太郎兵衛から授与された愛洲陰流に、自己独自の剣技の妙を加えて創案した大石神影流の刀術も、ここに完成してゆくことになった。

今の世にまで遺《のこ》されている大石神影流の「目録」に記されている剣を構えた人体図などを見ると、いわゆる、秀れた剣技というものだけが持っている神韻縹渺《しんいんひょうびょう》とした感を与えられるのである。「一心」「無明一刀」「水月」「一味」等々の剣の名称が記されている「目録」が示している抽象的な印象だけを与えられるかもしれないが、そのことは大石神影流だけのことに止まらず、大体平均して、日本古武道にまつわる極意書には、そういう抽象的な印象を与えられるという点では共通したものがあるといえるようである。

九州の柳河藩の城下だけでその名をあげるだけでは、天才剣客としての大石進にとってはあき足りないものがあるだろうことは、新之助を初め門弟たちにとっても、容易に理解することができることであった。

「剣豪日本一を目指して、わしは江戸へ出てみるのだ」

という師大石進の言葉に、若い門弟新之助の胸はふるえるほどの感動を覚えさせられるのであった。

旧幕時代に多数輩出した剣客たちが、みずからの手で〈剣豪日本一〉としてのプロパガンダを行わなければならなかったという事実には興味津々たるものがある。

現在の世の中では、マスメディアの発達もあって、プロパガンダの手段にはこと欠かないが、十六世紀頃から盛んになった剣客としての生活では、誰も宣伝してくれるものは存在しないこともあって、すべてはみずからが先頭に立って己《おの》が剣の流派についての宣伝を行わねばならなかったのである。従って、少しでも世間で認められるため、背に〈剣豪日本一〉の文字を記した派手な陣羽織を日常愛用した剣客が出現したことも笑えない事実であった。

日本の剣道史上、最高の人気を得ている観のある剣豪宮本武蔵が、慶長九年（一六〇四）には、京において吉岡憲法《けんぼう》道場一門に挑戦してこれに勝利したことや、同じく慶長十七年

（一六一二）四月には、豊前船島においての試合によって、宿敵佐々木小次郎を敗死させたという史実なども、正に宮本武蔵がみずからの手で実行したプロパガンダということができるだろう。

そういう自己の流派についての宣伝は、すべての剣客連に共通して必要とされたものである。

宮本武蔵の最大の好敵手になった佐々木小次郎岸柳が、前髪立ちの美青年ぶりを誇示し、背には物干し竿と称されるほどの長剣を背負っていたという異装ぶりなども、正にみずからの手による〈剣豪日本一〉のプロパガンダであったのである。

江戸の旋風

さて、いよいよ目指す江戸へ着いた大石進一行、当主の大石進には、柳河藩の聞次役《ききつぎやく》としての藩費が支給されているという正式の江戸出府であったことも進を喜ばせていた。そして、かずかずの江戸で行われるであろう大石進と他流派との試合の記録者としての柳河藩士も同行、そして年少の愛弟子筑後屋新之助も、初めての江戸出府であり、目にするものすべてが珍重に値する貴重な体験といえるものであった。

「よいか新之助、せっかくの江戸出府だから、いろいろと商売の役に立つ事物もたくさんあることと思われる。よく見学しておくことだな」

とやさしく語りかけてくれる師の進の言葉に、改めて新之助は、大きな感謝の念を抱かされるのであった。

さすがに江戸の町には道場が数多くあった。これらの目につく道場をシラミつぶしに大石進は尋ねて回り、試合を申し入れた。

しかし、眼光炯々《けいけい》とした巨漢の大石進に対等の試合ができるような秀逸な剣技を持つ道場主は皆無であった。

いずれも進の冴えわたる突きの剣技の前に敗退していったものである。

一度でも大石進と試合をした町道場の主たちは、口々に、

「なんとも恐るべき彼の剣である。向かい合っただけで、こちらの身体は金縛《かなしば》りにあったようなもので逃げる間もなく、突き飛ばされる破目に陥るだけのことであった」

と、九州の地より初めて江戸の町に出てきた大石進の剣技の妙について、感嘆の声々を放つのであった。

「恐るべきは、大石進の大石神影流である。おそらく今の江戸で、彼の剣に敵することの可能な流派はないのではなかろうか」

といった讃辞が、江戸の町に流れていったのも当然であった。

前記のように、自己の流派についてのプロパガンダが、大石進の場合にもおのずと出来

上ってゆく観があった。今や、大石進が試合を申し込みに、その姿を道場の玄関に現わしただけで、

「折角《せっかく》のご入来《じゅらい》でござるが、本日は道場主があいにく他出中でござって留守のため、また他日にご入来下さるよう、伏してお願いいたす次第でござる」

と、幾らかの金包みを出し、大石の来訪に狼狽《あわて》ふためく醜態を見せる道場が多数出現するようになってしまった。

それだけ大石進の長竹刀の威力が江戸の町道場を席捲《せっけん》していったといえるのであった。大石旋風が正に吹き荒れたといってよい状況であった。

このような江戸における大石進の剣の試合について、同行の藩士の手によって記録された大切な書き物、たとえば、『諸国武者修行立合人名録』などというような史料が、大正年間（一九一二～二六）になって、どこかへ散逸してしまい、判らなくなったということは、はなはだ惜しまれることであった。

ともあれ、天保三年（一八三二）に江戸にその勇姿を現わした大石進とその得意とする突き技は、江戸中に広まっていった。出府後三か月を経過した頃には、もはや、まともに進の相手になれる道場主は姿を消してしまったといってよい状況であった。

「先生、もはや、剣豪日本一を称してもいいのではないでしょうか」

と新之助は、日本橋の宿の一室で師の進にすすめてみるのだが、そのたびに、

「まだまだじゃよ。恐るべき剣の遣い手がまだ江戸にはたくさんいる。これらを破ってみせない限りは、わしが剣豪日本一を称するわけにはまいるまい」

と言って豪快な笑い声を部屋中に響かせる師の言葉に、新之助は、先生のいう恐るべき江戸の遣い手とは、一体誰のことであろうかと好奇心をそそられるのであった。

男谷精一郎との対決

幕末の剣豪として有名な北辰《ほくしん》一刀流の遣い手千葉周作、神道無念流の斎藤弥九郎《やくろう》、鏡《きょう》新明智流《しんめいち》の桃井春蔵《もものいしゅんぞう》の三人は、技の千葉、力の斎藤、位の桃井と世に称されるほどの秀れた腕前の持主であったが、いずれも、これに試合を申し込んだ九州の一地方剣客にすぎなかった大石進の長竹刀の前に一敗地にまみれたのであった。

大石進はこれら著名な江戸の剣客たちにすべて勝つという偉業を達成したことによって、一躍その名は江戸の剣客連の間に高いものになった。

「なんと恐るべき達人が出現したものだ。このままでは江戸の剣術界の名折れになるぞ、誰か大石の長竹刀を叩き折る遣い手が現われないものだろうか」

といった噂が江戸の町中に流れていった。

大石進に同行している新之助にとってはこの上ない欣《よろこ》びであった。彼の日記には、そうした師大石進に関わる噂話はもれなく記されていった。

とくに新之助にとって可笑《おか》しかったのは、当時最高の遣い手として江戸の人気を一身に集めていた北辰一刀流の剣客千葉周作との試合であった。

大石進の得意とする利き腕である左腕からの片手突きの妙技の前に、周作は道場の床板に転倒してしまったのであった。

千葉道場にとってこれほどの恥辱は、かつてないことであった。

この敗北を隠蔽《いんぺい》するため、千葉周作は四斗樽《しとだる》の蓋《ふた》を鍔《つば》にした竹刀で立ち会い、ぶじに大石進の突き技を封じてしまったという噂まで流されたのであった。

神道無念流の斎藤弥九郎も大石の長竹刀のすさまじいほどの技の前には敵する術《すべ》もなく、道場の羽目板に押しつけられるというぶざまな敗北ぶりを呈した。鏡新明智流の桃井春蔵は、千葉や斎藤よりももっと他愛なく大石進の長竹刀の前に敗れ去った。

「先生、もう江戸の町には、試合を申し込むような道場はなくなったのではありませんか」

と、日本橋の宿の一室で新之助は、進に対して言った。

「ほんとうにそうだな、もう目ぼしい道場はのこってはおるまい」

同行者の柳河藩士の由布某もそう言った。

「ところがそうではないのだ。もう一つ、是非、手合わせを申し込まねばならぬ大物の相手がのこっているのだ」

もの静かな声で、進はそんな返答をした。

「誰ですか？　そんな剣客がまだ江戸にのこっていたのですか」

新之助にも由布にとっても、進の言葉にはまったく一驚させられるものがあったのである。

「まあ明日、わしに同行して参るとよい。わしが訪ねる先の剣客の名は、そのときハッキリと判ることだろう」

明るい顔で、別に取り立てての一大事でも何でもないというふうに、進は平常の声音で新之助や由布に語って聞かせるのであった。

翌日、大石進が訪ねていったさきは、本所亀沢町の直心影流・男谷精一郎信友《おだにせいいちろうのぶとも》の道場であった。

「なるほど、こんな立派な道場が、まだのこっていたのか」

と改めて、若い新之助の目を驚かすに十分の威圧感めいたものが、道場の玄関に流れていた。

男谷精一郎は、のちに幕末の剣聖として最高の位置を占めるほどの名人であるから、早くも江戸の各道場主を騒がせている大石進の使う五尺余の長竹刀については、よく知っていた。

男谷精一郎自身は、普通に使われている二尺五寸から長くて三尺八寸くらいの竹刀を用いていた。従って、短槍といってもよい大石の五尺余の長竹刀を相手に戦うためには、こちらもそのくらいの長竹刀を使うべきではないかという意見もあったが、男谷はそんな門弟連の意見は採らなかった。

大石進の男谷に対する試合申し込みの最初は断られた。男谷から見れば、異端とも思える長竹刀の剣客大石進と試合することは、自己の名誉にも関わることだから、大石の試合申し込みを断ったというのも、当然のことであっただろう。

だが折角、ここまできた以上、いったんは断られたとしても、それでひっこむわけにはいかない。大石進は再度、男谷に挑戦したのであった。

かくて、男谷道場における男谷精一郎と大石進との世紀の大試合ともいってよい熱戦の火ぶたは切って落とされた。大石は例によって五尺余の長竹刀を使っての手合わせであったことに対して、男谷も三尺八寸の長目の竹刀を手にして立合うことになった。

〈このような素晴らしい剣の遣い手が、まだ江戸にはのこっていたのか〉

という驚嘆の思いが大石進の脳裏をかすめた。

例によって、大石進は青眼《せいがん》の位に長竹刀を構え、九尺の間合いを徐々につめて行こうとした。これに対して、男谷はなんと大胆にも三尺八寸の竹刀を大上段に振りかぶったのであった。

ビクとも動くことを封じられたのは大石のほうであった。

〈これ以上、前に動くと、たちまち、面に打ちこまれるだろう！〉

どうにも逃《の》がれようがない思いであった。

大石の顔には脂汗《あぶらあせ》がにじみ出てくるかのようであった。

両者は一合も竹刀を交《まじ》えることもないうちに、

「参りましたッ」

という一声が大石の咽喉から発せられた。

道場の一隅でカタズをのんで見学していた新之助にとっては、正に驚天動地のおどろきであった。

〈先生以上に強い剣客が、まだこの江戸にはいたのだ。世の中とは広いものだ〉

という驚嘆の念を与えられたことは、新之助にとっては何よりのものであった。後年、筑後屋の主《あるじ》になって商売上手の評判をとることになる新之助にとっては、いろいろの処世訓を与えられたこんどの江戸出府であり、やはり、師大石進に同行したことは、この上ない有意義なことであったと、改めて深い感動にうたれたのであった。

天下無敵といえるところの師大石進に対し、見事な勝ちを収めた男谷精一郎であるから、どのような偉丈夫かなという思いで、新之助は面をはずして上段の間に腰を下した男谷の面貌姿体を眺めて、ふたたび驚かされた。

小肥りの色白の人物であり、声にもおだやかな静けさがあった。

さすがに幕末の剣聖と称されるにふさわしい見事な男谷精一郎の剣技であった。

千葉周作、斎藤弥九郎、桃井春蔵の三人を倒した大石進が、男谷の前には手も足も出せないで敗れたこともあって、男谷精一郎が最高の遣い手であったということができるだろう。

余談にわたるが、幕末歴史小説の巨匠であった故子母沢寛《しもざわかん》氏は、幕末の世間一般に流布していた〈技の千葉、力の斎藤、位の桃井〉といって幕末の三剣豪にあげられているこの三人を採らずに、代わってあげている真の剣豪は、男谷精一郎、島田虎之助、大石進の三人であったと書いている（『剣客物語』より）。

ここではなはだ面白く感じられることは、島田虎之助も、柳河城下で大石進と試合を行い、これに勝っているということである。大石進に勝つことができた剣客こそ、幕末の真の剣豪であったということができるのである。

男谷精一郎は、大石進に勝ったことでまた一段とその剣名をあげたことになるが、ここでちょっと男谷についてふれておくと、軽輩の幕臣の家に生まれた精一郎は、剣を直心影流の団野真帆斎《だんのしんぱんさい》に学び、のちにその跡を継いでいる。男谷検校《けんぎょう》の血筋をひいているということで、勝海舟とも親戚の間柄にあった。

文久二年（一八六二）には、従五位下下総守《しもうさのかみ》に叙任され、翌三年には西丸留守居格として、講武所奉行並を命ぜられ、三千石高の高い身分に昇進したことも、この人物の傑物ぶりを示しているようである。

白井亨に敗北

話を戻して、無敵の長竹刀をもって江戸剣術界に一大旋風をまきおこした観を呈した大石進は、男谷精一郎に敗北したのに続いて、日本橋浜町にあった一刀流中西道場を訪れた。そこで、中西道場の三羽ガラスと称せられていた寺田五右衛門、高柳又四郎、白井亨《とおる》のうち、たまたま道場に居合せた白井亨が大石進の相手に立つことになった。

大石進が九州柳河で生まれた寛政九年（一七九七）に、白井亨は若冠十五歳の身で中西道場に入門したというから、進と白井との間には、十五歳という年齢差があり、その差がそのまま両人の剣技に表われたということもできるようである。

当時、中西道場の主は、四代目の中西忠兵衛子正《たねまさ》であったが、大石進と白井亨との試合の審判役をこの道場主の子正が務めてくれた。

大石進は例によって五尺余の長竹刀を手に試合にのぞんだのに対し、白井は自分の身長に比しては長いと思われる三尺六寸の竹刀をもって、進と相対した。

大石進の得意の技である左からの突きが、白井の咽喉元に伸びたとき、何とも意外なことに、その大石の長竹刀は横に払われてしまったのであった。

ガラ明きになった白井の胴をめがけて、大石進の長竹刀が横に揮《ふる》われようとしたとき、一瞬早く、白井の竹刀は、大石の面上に確かな打撃を加えていた。

「面、一本ッ」

審判役の道場主子正の声が、道場内に響きわたった。

白井亨の勝ちであった。

無敵の大石進も、さすがにこれまでの勢いを喪失したのか、男谷精一郎に敗北し、今また白井亨にも敗れたのであった。

新之助の旅日記の一節にも、師大石進のこの試合についての記事が詳細に誌《しる》されたのだが、自分がどんなに強いと思っても、それで慢心してはいけない、この世の中には、自分よりもより以上強い人間があるものだという教訓をしっかりと教えられたことは、まだ若い新之助にとっては、このうえない喜びであった。

泪《なみだ》ぐんで迎える愛弟子新之助の肩をやさしく叩きながら、

「今日は負けたが、この次はかならず勝ってみせるからな。新之助、どうだ剣というものの難しさがよく判っただろう」

と、逆に自分を慰めてくれる師の言葉に、再び泪ぐむ新之助であった。

かくて、天保三年（一八三二）から翌四年五月にいたるまでの一年間にわたった第一回目の大石進一行の江戸出府は、成功のうちに終りとなり、一行は国元の柳河へと立ち戻ったのであった。

若い新之助にとって、この上ない有効な旅となった江戸出府であっただけに、筑後屋一同の大石進に対する感謝の念には、まことに大きなものがあった。

「お前は町人の商人《あきんど》なんだから、侍の剣術などを学んでどうするのだ。そのヒマがあったらもっと十露盤《そろばん》をはじく稽古でも熱心にやったほうがよいのではないか」

というような嫌味タップリの父親の叱言《こごと》なども、こんどの江戸出府の旅以後は、まるで聞こえなくなったことでも、新之助を喜ばせるに十分なものがあった。

大石道場で学んだものが、これからの商人としても大いに利用できるということを、頑固な父親にもよく理解させることができたことを、新之助は心から嬉しく思ったのであった。

晩年の大石進

江戸から柳河へ戻ってからも、新之助の一文銭を突く練習は依然として変わることもなく続けられていた。

店頭の帳場に座って十露盤をはじいていた新之助の面前に、大きな身体の師匠大石進が姿を見せてくれたことも、新之助にとっては嬉しいことであった。

「どうだ、商売繁盛と見えるな、結構々々。きょうはちょっとこの先まで用件で出向いて参ったので、ついでといっては悪いが、ここにも立ち寄ってみた。どうだ、その後、稽古はやっておるか、この剣の道には行き止まりというものはないのだからな、稽古に毎日懸命に励むことが一番肝心なことといえるようだな」

師の進の言葉の中に溢れる温かい愛情が、ヒシヒシと新之助の胸の内にも伝わってくるかのようであった。

「ところで、きょうここに立ち寄ったのは他のことでもないが、また、江戸へ出ることになったのでな、そのことをおぬしにも一言伝えておきたいと思ってな」

第一回目、新之助も同行した江戸出府であった天保三年（一八三二）から、七年のちの天保十年（一八三九）になったいま、再度の江戸出府を藩命として大石進は受けたのであった。

「おぬしも同行してくれたこの前の初めての江戸行きも、なかなか面白かったたな。おぬしが同行してくれたおかげで軍資金としての旅費はタップリとあったし、江戸中の道場を片っぱしから連破していった思い出など、なかなか忘れられないものがあるな」

「そうでしたねえ、私も先生の供をしたおかげで本当に得難い経験をすることができました。七年経った今でもあのときの思い出は鮮やかに私の記憶にのこっております。ほんとうに素晴らしい江戸への旅でした」

あえて、男谷や白井との試合に敗れたことを口にしようとしない愛弟子新之助の思いやりも大石にとっては、嬉しいことであった。

「今度の江戸出府は、この前のときとは大分様相の違うもので、剣の試合を行うということよりも、幕閣の偉い人物と顔を合わせることが第一の目的になるようだ。それだけに柳河藩士として正式な幕閣訪問というのが、第一の目的の江戸出府になると思う」

とわざわざ告げに立ち寄ってくれた師大石進の言葉通りに、大石進の二度目の江戸出府では、時の老中水野越前守の邸へ招かれたりして、柳河藩士としての面目を大いに示したのであった。

翌、天保十一年（一八四〇）に帰藩した大石進に対し、藩は十石を加増することになり、百石高の軍役を申しつけられた。剣客大石進にとっては名誉なことであった。幕末の剣術界に大いに貢献した大石進は、長竹刀を流行させたということばかりでなく、十三本穂《ほ》の面鉄《めんがね》を持つ面や、竹胴、短籠手《たんごて》など、現在でも用いられている剣道道具の最初の考案者でもあった。

大石進の出現で、幕末から現在にいたる日本の剣道界は長足の進歩を示したといえるのである。

嘉永元年（一八四八）の歳末、兵法師範役を次男の進種昌《たねまさ》（父と同名の進を称していた）に譲って、大石進は隠居することになった。五十二歳になっての隠居であった。

気楽な身になった隠居の大石進にとって、この上ない楽しみになっていたことは、城下町の豪商筑後屋を訪ね、当主の新之助とひとときを過ごすことであった。

新之助ももう今では立派な商家の主人に成長していた。

「先生、わたしは今でもまだ不思議なことに思っているのですが、あれほどに強かった先生が、どうして男谷や白井と立ち合って敗れたのでしょうか、このことがどうしてもわたしには解けない謎になって心の中にのこっているのですが」

「新さんにはもう判っていることと思っていたから、あえて今まで口にしなかったが、剣というものには、結局、単に技《わざ》だけではどうしようもない人間としての器量の大きさが出るものなんだな。つまり、人間としての完成度の高さといったらよかろうか。私に勝った男谷や白井の人間としての器量が、わたしよりも一段上であったということだろう」

笑い声を響かせながら、淡々と語る師の言葉にも、新之助は、この師について学ぶことのできたことを、改めて感謝したいという思いにうたれるのであった。

九州剣術界だけに止まらず、江戸剣術界にも大きな足跡をのこした大石進は、文久三年(一八六三)十一月、六十七歳をもってこの世を去っていった。幕末に生きた剣豪として、長く記録されることになった長竹刀の大石進にとっては、正に会心の剣客人生といってよいかもしれない。

二代目を継承した次男の進種昌も、父親によく似た名剣士と評判されたが、そのことを一番喜んでくれたのは、大石道場の有名な陰の庇護者であった筑後屋新之助であったかもしれない。

坂本龍馬

宮地佐一郎

はなたれ少年から剣士へ

龍馬にはいくつかの顔がある。たんなる志士、幕末の奔走家ではなく、近代人にある複雑な幾つかの顔を持っている。

近世の終焉にさいし、「日本の洗濯」で世を革《あらた》めた政治家。日本ではじめて「世界の海援隊」を目ざし、商社貿易会社をおこした経済人。そしてすぐれたレポーターないしジャーナリストであった。伏見寺田屋遭難事件や下関長幕海戦を報ずる文、お龍と霧島登山新婚旅行の絵入り文などは「書簡文の傑作」(司馬遼太郎著『竜馬がゆく』回天篇あとがき)であり、克明《こくめい》な臨場感《りんじょうかん》を持った記録報道文学であると考えられる。

しかし、このような複雑な相貌《かお》をもつ龍馬の本質はやはり剣士ではなかったか。龍馬は虚弱な幼少、剣から身をおこし剣によって鍛えられ、そして剣によって鍛《たお》れている。ことにその壮絶な最期が象徴するように、剣士の生涯であった。彼の思考、行動、体軀、相貌は剣によって磨かれ鍛えられ、「波瀾重畳《はらんちょうじょう》、奇観変幻《きかんへんげん》、作為《さくい》せずして一部の活小説」(岩崎鏡川著『坂本龍馬関係文書』序文)の生涯であったと、筆者は考えている。

「坂本龍馬先生誕生地」は今日、高知市上町《かんまち》(本丁筋)一丁目、電車通り南側町田病院前に建っている。ここは郷士坂本家があったところで、同じく三丁目に坂本の本家才谷屋《さいたに》があった。藩政期には有名な商家が軒をつらねた。南面してそびえる白亜の高知城を、朝夕眼前にする場所である。天保六年（一八三五）十一月十五日暁、家老福岡宮内《くない》お預り郷士坂本八平直足《なおたり》の次男として呱々《ここ》の声をあげた。

龍馬という名を選んだわけは、出生の目出度い夢にある。母幸が懐妊中、夢に雲龍奔馬《うんりゅうほんば》が胎内に飛びこみ、生まれてみるとその児に一塊のたてがみのような体毛が生えていたので、父八平は「奇瑞《きずい》なり」と喜び、「龍馬」の名を付けた。土佐国では十二支などの動物名から名付ける風習があって、健康息災を希《ねが》ったといわれる。坂本家でも長姉は千鶴《ちづ》、姪は春猪《はるい》、父八平の実家に宮地亀十郎や山本琢馬《たくま》がいる。幕末の同志後輩にも後藤象二郎、乾猪之助（板垣退助）、中江丑吉《うしきち》（兆民の長男）、馬場辰猪《たつい》等、盛大である。

しかしながら、せっかく「龍馬」と名づけたが、彼は幼少時、泣き虫、はなたれ、寝小便《よばれ》たれで、十歳を過ぎても寝小便の癖がぬけず、やっと十二歳で、近くの小高坂村（高知市西町）楠山庄助塾に通いはじめる。今日の小学校六年生か中学生の頃で、晩学であった。塾では成績はふるわず、気弱で悪童たちにいじめられてよく泣きながら家に帰ったと伝えられる。

ある日、楠山塾で小さな事件がおきる。堀内某という少年と口論し、刀を抜いて斬りつけられた。龍馬少年は手許の文庫箱の蓋《ふた》を取って防ぎ、怪我をしなかった。堀内某は退塾させられ、龍馬も父八平によって退塾させられる。それ以後は龍馬は正式に学問につく機会がなかったので、「龍馬無学なり」と噂《うわさ》されるが、すべて耳学問と独学で自己練達に励んでゆく。今日遺《のこ》っているすぐれた文書、詠草、手紙がこれを証明する。

ここで注目すべきは、楠山塾で友の抜刀を、愚鈍と見なされた龍馬が咄嗟《とっさ》に手もとにあった文庫の蓋で身を護った敏捷さが、少年期における一つの自己発見につながったとも思われることである。またこの年（弘化三年）八月、最愛の母と死別し、有名な姉「坂本のお仁王さま」乙女《おとめ》が、母代りとして彼の面倒をみて学問武芸を授《さず》けてゆく。この乙女は、少年龍馬を可愛がり、勇を励まし憶病心をとりのぞいて育てたので、その性情が一変したといわれた。

坂本家は、長姉千鶴、次姉栄女、三姉乙女と、龍馬より八歳年下の姪春猪や大勢の傭《やとい》女《め》がいて、女系家族の末っ子として龍馬は育っているので、天性の素直な気質がおとなしい気弱な幼児期を過ごさせたといえそうだ。この母代りの姉乙女は当時女として、珍しい五尺七寸（一七二・七センチ）もあって、雨下駄をはいて米俵を左右にひょいと持ちあげて倉に運んだといわれるほどの女傑であった。

彼女は天保三年生まれで龍馬より三歳年上で、龍馬は生涯この姉を徳とし「お仁王さま」とかしこみ、「龍馬より強いと云ふ評判なり」とのちの手紙に龍馬は奉っている。彼女は、「料理、裁縫は苦手であったが、男勝りで剣術は切紙《きりかみ》（免許皆伝）の腕前、馬術、弓術、水泳もよくし、経書、和歌、絵画をたしなみ、琴、三味線、一絃琴、舞踊、謡曲、浄瑠璃《じようるり》、琵琶歌に至るまで多芸多趣味で、殊に義太夫節《ぎだゆうぶし》は得意中の得意で、寄席の高座で唸ると、肩衣《かたぎぬ》姿の偉観が人目をそばだたせた」(土居晴夫著『坂本家考』)という女性であった。

のちに藩医岡上樹庵に嫁しているが、岡上菊栄の後日話に、

「母乙女からは別に『小学』『大学』の講義を授かった。武術は小太刀、懐剣、手裏剣の外、柔道、騎馬、水泳まで習った」

とあり、そのほかきびしい水練や試胆会のしごきまで述懐しているが、龍馬少年はこの乙女から存分に剣と読書をたたきこまれ、次第に自己変革を遂げてゆく。そして幼少時の「鈍馬」から「駿馬」へと変貌できたのは、乙女から授かった剣術であった。彼の人間形成は武術による。さらに嘉永元年(一八四八)十四歳で城下築屋敷《つきやしき》日根野《ひねの》道場に入ることによって、人生への開眼を遂げてゆく。もはや昔日のはなたれ、夜尿《よばれ》たれ少年でなく、一人のたくましい男に生まれ替ってゆく。

坂本家の光栄ある出自

坂本家には光栄ある武門の血筋が流れている。龍馬は明智氏の子孫として終生、桔梗《ききよう》井桁《いげた》紋を用いた。明智光秀が京都本能寺で織田信長を討ち、その直後山崎の合戦で秀吉に

敗北したのは、天正十年（一五八二）夏の頃である。光秀の女婿《むすめむこ》光春は大津から琵琶湖を馬で泳ぎ渡って坂本城に入り、ここで自刃する。この際、光春の一族遺臣が諸国に流浪し落武者となってかくれ棲《す》んだ。土佐国主長宗我部元親《ちょうそかべもとちか》の妻は、明智一族の斎藤氏の出自《しゅつじ》（生れ）であったので、坂本の明智氏系統が土佐へ逃れ来たことは肯《うなず》かれる。

土佐国へ落ちてきた一族は、才谷村（南国市才谷）に住み、百姓となり大浜姓を名乗ったという。六代目八郎兵衛直益が才谷屋として、城下屈指《くっし》の豪商となったとき、「坂本氏系図」に、家の言い伝えを定着させたとみるべきであろう。この直益は南学者谷真潮《たにましお》に国学や歌を学び、長男兼助に郷士株を買って分家させて先祖の坂本家を興《おこ》させた。次男八郎兵衛直清に才谷屋を継がせ豪商に育てた。この郷士坂本家三代目が、龍馬の父八平直足《なおたり》である。

坂本家には女系の中にも烈女の歴史がある。同じ戦国の世が乱れた頃、大和国吉野（奈良県）に住んだ後藤加賀守の娘おかあは、弟一人妹一人を連れて土佐国へ落ちてきた。道中、野盗六人に追われ「おかあ殿少し薄手をおわれ、敵に待てという言葉をかけ、左の小袖を引きちぎり、鉢巻にあて又戦い、終《つい》に六人を切留め」て土佐国豊永に落ちてきた。このおかあ殿は豊永左兵衛の妻となり、妹は、「才谷へ嫁がれる之《の》由《よし》」と坂本家古系図中「おかあ殿事蹟」一巻にあることを『南国遺事』（寺石正路著）に載せ、おかあ殿について、「定めし其人格器量、基《もと》より尋常婦女に卓越《たくえつ》せしものありしこと疑いなけん。然《しか》して其妹女こそ正《まさ》しく坂本家の初代たる江州（滋賀県）坂本村より、土佐才谷の里に移住せる初代坂本太郎五郎の妻女たりしは、実に不思議の奇縁と申すべし。げにも其十代の子孫たる坂本龍馬が才気卓犖《たくらく》（抜きんでてすぐれていること）として、一世の傑物なりしも亦《また》、偶然にあらずといわん」と評し、烈婦と武将の血統を、そして先祖の光栄ある英雄譚を、姉乙女は縷々《るる》として幼少の龍馬へ語りきかせたに違いあるまい。

父八平直足は城南潮江《うしおえ》村（高知市潮江）庄屋職で郷士宮地家（のち山本姓）の出で、「人となり純直、軀幹長大、弓、槍術皆伝、能書にて、和歌に長ぜり」（弘松宣枝著『坂本龍馬』）とあって、長宗我部家一領具足《いちりょうぐそく》の末裔であった。この潮江宮地家は、天正時代長宗我部の頃より、菅原道真《みちざね》、高視《たかみ》を祀《まつ》る天満宮の代々の神職宮地若左衛門と、庄屋職宮地五助茂久の二系統があった。のちに龍馬のもとに加わった海援隊士宮地彦三郎や、『歎涕和《たんていわ》歌集《かしゅう》』（岩波文庫）の編者・宮地維宣《これのぶ》は神職宮地の出である。

龍馬の父や、大和流弓術抜群で留守居組に入った宮地亀十郎茂光や、明治の頃自由民権家として板垣退助の次女を娶《めと》った宮地茂春は、庄屋職宮地より出ている。

龍馬の母幸《さじ》は坂本家先代八蔵直澄の一人娘で、その母は和学者井上好春の家より入っている。龍馬の長姉千鶴の嫁した安芸郡安田村郷士高松順蔵は、長谷川流居合術の奥義をきわめた人物で、書画、篆刻《てんこく》から和歌をたしなみ、文武の師範として安芸郡の勤王志士育ての親として知られていた。龍馬は「安田の順蔵さん」と、乙女にあてた手紙にもしばしば書いている。

この順蔵の武技について次の挿話《そうわ》がある。小豆《あずき》を口中に含みふき出すと同時に抜刀して小豆を斬り、それが下におちない間に刀は鞘《さや》に収まっていた。この神技の故に、居合に熱中していた山内容堂は、再三使者を差向けて順蔵を招こうとした。しかし名利を求めず権威に屈しなかった彼は固辞して受けず、在野郷士で終った。小埜《しょうや》と号し全国の諸所名所旧蹟を訪ねて二千余首の歌を詠み、歌集『採樵歌《さいしょうか》』四巻を遺《のこ》した。

土佐国の剣法

古来より土佐国は「焼太刀《やきたち》の土佐」と歌の枕言葉にあるように、武芸の伝統を尊んでいる。秦氏《はたし》長宗我部時代は精参流《せいさん》伊藤武右衛門が、槍は真道流《しんどう》大平市郎左衛門が有名であった。山内氏入国の後も諸流派が栄えた。宝永のころ五代藩主山内豊房に招かれた都治《つじ》(辻) 月丹《げったん》を流祖とする「無外流《むがい》」は最も有名であった。禅僧石潭《せきたん》の「一法実に無外、乾《けん》坤《こん》一貞を得たり」より採っている。明治、大正、昭和にも伝わり名剣士川崎善三郎にひきつがれ、当時、小野派一刀流高野佐三郎、無外流高橋赳《きゅう》太郎と共に「日本三傑三郎」と称された。私ごとながら筆者も旧高知一中剣道部時代、八十を越えて壮者をしのぐ、老剣士川崎善三郎範士《はんし》より手ほどきを受けた記憶がある。

次に上泉《かみいずみ》伊勢守の直門小笠原玄信斎より発する真神陰流は、初代山内一豊に抱えられて入国した小林市郎左衛門によって広められ、幕末には佐々木高行《たかゆき》や谷干城《たてき》らの若者を育てた。さらに長谷川英信流居合は林崎甚助《じんすけ》重信を始祖として長宗我部遺臣林六太夫守政によって広められる。「土佐の英信流か、英信流の土佐か」と称されて諸国武芸者から異常な関心をもって注目された。

さきにも述べた龍馬の義兄高松順蔵がこの道の達人であったが、山内容堂も長谷川流奥居合に熟達し殿様芸の域を越えていたと言われた。この流儀を伝えた細川義昌は明治天皇御前で畳一枚の座で、燭台の蠟燭《ろうそく》の芯を薙《な》ぎ、刀身を鞘に収めたが残った燈心で焔《ほのお》はお燃えていたという。

次に大石流は幕末の頃、筑後柳川（福岡県）藩士大石進《すすむ》によって広められ、土佐勤王党樋口真吉・甚内兄弟が受け継ぐ。しかし、上士の吉田東洋、後藤象二郎、由比猪内らも大石に就《つ》いている。文久の頃、藩参政役吉田東洋は城下帯屋町で、勤王党によって襲撃され暗殺されるが、この際、一刀を抜いて三人の刺客を相手に闘っている。大石流心得があったからである。筆者所蔵の『石派神陰刀術之伝書』（弘化第四歳次丁未秋九月　門人樋口武子文謹識）は、三十三剣大石流の型を見事なイラストで描き、五箇剣以下先師景図、十五の和歌を添えた五メートルに及ぶ長尺の巻物である。

次に江戸の人石山孫六によって、幕末栄えた一刀流は、間崎滄浪《そうろう》（哲馬）、武市半平太が継いだ。半平太は龍馬の遠縁で若き日の龍馬に大きな影響を与えた。土佐勤王党領袖《りようしゆう》で剣士の出である。石山孫六のほか千頭《ちかみ》伝四郎や麻田勘七に学びさらに、江戸に出て鏡《きよう》新明智流《しんめいち》桃井春蔵《もものいしゆんぞう》に就き、皆伝を受けて帰国、嘉永の頃、高知城下新町田淵で道場を開き、門弟百二十人を育てている。中岡慎太郎、能勢《のせ》達太郎、宮田頼吉、岡田以蔵《いぞう》、久松喜代馬等、のち勤王党で活躍した若者達である。

龍馬と小栗流日根野道場

十四歳で龍馬が入門した日根野道場付近は、高知城下鏡川沿いの築屋敷《つきやしき》にあって、戦災を免かれて、昔日の面影を残している。上町の龍馬の家より南行して数町にある日根野家は、小栗流の師家として知られた家筋で、その流祖は徳川将軍家の直臣小栗仁右衛門正信で、和術《やわら》が表看板であった。しかし柳生流剣法や居合、太刀業《わざ》、小太刀業、槍業、長刀《なぎなた》業、棒業、水練、水馬、騎射など諸般の武芸も含まれるが、幕末は「和術よりも剣術に重きを置いた」（平尾道雄著『土佐武士道史話』）とある。

幕末風雲の際、土佐国が藩校致道《ちどう》館を開いたとき、武術課業にはこれまでの、無外流、一刀流、神影流、大石流と並び小栗流も組みこまれていた。

龍馬の就いた日根野弁治《べんじ》吉善の前は、山内家馬廻りの日根野清蔵弘武の三男弁治吉賢で、天明の頃、小栗流和術抜群の故、三人扶持、馬廻り末子《まつし》に取り立てられる。二代目は左右馬恵吉で、三代目が弁治吉善である。弁治は旗付郷士市川友次郎の子であったが、この二代左右馬に子が無かったので天保六年即ち龍馬誕生の年、養子の藩許を受け養父没後の嘉永五年（一八五二）に家督相続して、小栗流師家を継いだ。日根野家はもとは小姓組という山内家上士《じようし》格家筋であるが、弁治が郷士《ごうし》の子であったので当時の門人は、上士格の若者より下士《かし》郷士の者が多かった。

土佐国は旧主長宗我部氏が関ヶ原合戦と大坂の陣で破れてより、山内家進駐に取って替られ、三百年間は他国にも比類のない厳しい階級差別が敷かれて幕末に至ったのである。郷士の次男龍馬が日根野弁治を師匠に選んだのも、家との距離が近いという理由だけではなく、このようなお国事情があった。入門後の龍馬の成長を物語る二、三のエピソードが伝わっている。

ある夏、大雨の中を鏡川に出かけている若者を、日根野弁治が呼びとめた。

「龍馬ではないか、この雨ふりにどこへ行く」

「水練に参ります」

と答えたので、弁治はおどろいて、

「この雨ふりで水練をやるのか」

「左様、川にはいれば濡れます。水練に晴雨はありませんきに——」

とさわやかに答えて川におりていったので、弁治もほほえんで見送った。

龍馬の父の出であった潮江村に天狗の使者と称する怪僧が居付き、村民をたぶらかして金銭をむさぼっているという噂である。友人の公文《くもん》左源太がこれを聞きつけて、「あいつを懲《こ》らしめるべきだ」と龍馬を誘いに来た。龍馬はこれを諾《うべな》い、夜更《よふ》けて天狗の使者を訪ねた。怪僧に案内されて天狗台を見ると、屋根の上に設けられ、そこに祭壇があった。

「仰いではおそれおおい、今に石鎚蔵王権現様が来降せられる」龍馬は神妙に壇下で頭を垂れて座っている。そのとき祭壇の後ろに黒い影が現れた。「われこそは神霊である」と聞こえたとき龍馬は躍《おど》りかかり、この黒い影をとらえて殴りつけた。黒い影は「許せ、許せ」と平身低頭して恐れ入ったので、不心得を諭《さと》し潮江村から追放したのである。

日根野弁治より龍馬は次の免許状を授かっている。はじめて十九歳の年の『小栗流和兵法事目録』には、「一、身鞠　風一和　理気貫通。一、太刀。一、小太刀。一、居合」より始まり最終は、「右者《は》先師より授りし処の事、意図は長年この御修行に深く望み相伝えて来た。なお将来も怠らず工夫《くふう》が肝要である。目録は以上の通りである。嘉永六年（一八五三）癸丑《きちゆう》晩春吉辰　吉善花押　坂本龍馬殿」

となっている。次の免許『和兵法十二箇条兼二十五箇条』は、嘉永七年閏七月（安政元年、一八五四）、龍馬二十歳である。

「一、太刀合の心得。一、当骨を防ぐ。一、遠近水月の心得。一、身の曲尺付き大曲尺。

一、無刀捕《ど》りの心得」等とあって歌二首が書かれていて「二十五ヶ条は和兵法の大事。先師殊に工夫《くふう》されし也」とあった。

三度目の目録は龍馬二十七歳、文久元年「小栗流和兵法三箇条」となって「一、十二気あかすかゆる　ちらす　なぐさむ　とほす　とどむる　あぐる　さぐる　ますはす　いるる　とる　しづむ」などが書かれ「右三箇条は当家に深く秘する極意である」、弟子十二人の外伝えないとしている。元祖小栗仁右衛門尉正信、以下、日根野弁治吉善、と名を連ねている。

このように龍馬は十代から二十代にかけて十余年間、小栗流和兵法を練磨したのである。したがって龍馬は和術（柔術）には相当な自信があったと見える。脱藩の文久二年（一八六二）二十八歳の頃、江戸滞在中、当時高名な柔術師範信田《しのだ》歌之助の道場に出向いている。このとき龍馬は信田に投げられても投げられても挑《いど》みかかり、三度気絶したがまたかかってくるので、「坂本もう止めよう」と信田が制止したという。「かかる根気の強き男は見たこともなし」と語り草にしたとある。すぐれた体力と激しい闘魂を持っていたのである。

なお余談ながら、今日異色ある民俗芸能に数えられている「土佐の棒踊り」（香美郡香我美町山北）は、小栗流の棒術が起原といわれている。明治十五年（一八八二）岐阜で板垣退助が、自由民権遊説中刺客に襲われるが、一臂《いっぴ》して（片腕で）短刀を跳ねとばし、危難を免かれる。土佐の和術竹内流小具足組打の修練によったと、自ら語っている。土佐では和術が栄えていたのである。

嘉永六年（一八五三）三月、龍馬十九歳のとき、藩庁に願い出て十五か月間の国暇《くにいとま》を許され、はじめて生まれ故郷を後に江戸へ向かった。父八平はゆくゆくは龍馬に土佐の高知で町道場でも開かせるつもりであったにちがいない。この際、父は「修行中心得大意」を次のように認《したた》め、龍馬に与えている。

一、片時も忠孝を忘れず、修行第一の事。
一、諸道具に心移り、銀銭を費やさない事。
一、色情に心うつり、国家の大事を忘れ心得違ひをしてはならない事。
右三ヶ条を胸中ニ留メ修行をつみ目出度帰国を第一番としなさい。　以上
丑（嘉永六年）三月吉日　老父
　龍馬殿

体も父親によく似て剣一筋に励む末男に授けた適切な慈愛の贐《はなむけ》であった。
龍馬はこれを、「守」と書いた袋に納めて終生大切にしたという。今日も京都国立博物館に保存されている。

江戸の剣筋

幕末の頃は時勢の切迫もあって、江戸では町道場が栄え、三百もあったといわれる。この中で特に、神道無念流の斎藤弥九郎の九段（もと神田俎《まないた》橋）、今日の靖国神社敷地にあった練兵館、鏡新明智流桃井《もものい》春蔵の京橋浅蜊河岸《あさりがし》の士学館、北辰一刀流千葉周作の神田お玉ヶ池の玄武館が、江戸三大道場として高名であった。これに心形刀《しんぎょうとう》流伊庭軍兵衛の下谷御徒町《おかちまち》雪柳軒を加え四大道場とする向きもある。

この千葉周作は神田お玉ヶ池（千代田区神田岩本町）に道場玄武館を営み、水戸家に仕えて名剣士として聞こえていた。龍馬が遊学した頃は周作が病気がちで、安政二年（一八五五）六十二歳で没して次男栄次郎が跡を継いでいた。実力は周作以上と言われた栄次郎も文久二年（一八六二）わずか三十歳で病死している。龍馬入門は、鍛冶橋土佐藩邸（以前の東京都庁）控《ひかえ》屋敷御己家《おこや》にも近かった、京橋桶町《おけちょう》（八重洲二丁目附近）の千葉周作の弟千葉定吉《さだよし》道場であった。龍馬が桶町千葉道場を選んだのは、身を寄せた土佐藩邸に近いという理由だけではなく、土佐藩の青年たちは、これまで桶町千葉か、浅蜊河岸の桃井かをえらぶのが慣《なら》いであったからだ。この桃井塾には武市半平太や岡田以蔵が名を連ね、武市は後に塾監にあげられている。なお、九段練兵館斎藤門には、長州の桂小五郎がいて名手として聞こえた。のちに「三大道場の若き星」（藤島一虎著『幕末剣客物語』）として、彼等の虚実ないまぜた試合記録が残される。

北辰一刀流開祖千葉周作

千葉周作成政《なりまさ》は寛政六年（一七九四）、奥州気仙《けせん》郡気仙村（岩手県）の出生。姓は平《たいら》、名は観、号は屠龍《とりゆう》。兄又右衛門成道、弟は後の桶町道場の定吉成胤《なりたね》。父幸右衛門成勝も文武両道に達していたが、妻の父千葉吉之丞は相馬中村藩士で、北辰無想流開祖と言われるほどの剣士であった。この中で育った周作は環境教育に恵まれて、少年時代天才児と噂された。父母は周作兄弟のため松戸に移住した。周作は、小野派一刀流浅利又七郎義信道場に通い、師をしのぐほど上達、浅利の師中西忠兵衛子正《たねまさ》についても学ぶ。当道場にて世に聞こえた高柳又史郎の「音無しの構え」にも出会う。周作はのち浅利道場を離れ、北辰夢想流と一刀流を元に、自身の創意工夫を加味して「北辰一刀流」を編み出した。

文政三年（一八二〇）、二十七歳で野州（栃木県）、甲武（山梨県、埼玉県、神奈川県、東京都）、駿遠（静岡県）、参（愛知県）、信州（長野県）に武者修行に出かけた。その頃、

来て見ればきゝしにまさる浜松の　うらも長閑《のどか》に民のにぎわい
旅人の杖をとゞめて思ひきや　川中島の名こそ流れる

など風詠を残している。文政五年再び上州（群馬県）に武者修行し、この後、日本橋品川町に道場を開いた。のち神田お玉ヶ池に移り玄武館と称し、東条一学塾と携えて文武兼学舎として有名になった。この東条一学没後、その塾舎や敷地を合せたので、玄武館は三千六百坪（一万一八八〇平方メートル）という広さになり、さきの諸道場の第一にあげられる盛業であった。

天保六年（一八三五）すなわち龍馬の生まれた年は、周作四十二歳で水戸の弘道館演武場で、高弟白井新三郎と出張して、藩主斉昭に月十六人扶持で招かれることとなる。さらに天保十二年（一八四二）には禄高百石馬廻役に昇進している。弘化二年（一八四五）、与力格三百俵で幕臣にとりたてられるも、水戸家を致仕《ちし》せず旧知行百石を受けた。まことに剣士としては破格の栄達名誉であった。

周作の弟定吉は玄武館道場で兄に協力教授に当っていたが、龍馬上京の頃は既述した京橋桶町に道場を構えていた。定吉には長男重太郎一胤《かずたね》、長女佐那《さな》、次女里幾《りき》、三女幾久《いく》がいた。龍馬と重太郎は朋輩同志として、共に海舟を訪い、海軍塾に身を投ずる。長女佐那は龍馬とロマンスがあって、聘礼《へいれい》（結納）まで交わしたが、結ばれることなく彼女は独身を通して終っている。佐那は今日、甲府市内清運寺で「龍馬室」と刻んだ墓の下でねむっている。

この北辰一刀流千葉門より中条金之助、小野鉄太郎（山岡鉄舟）森要蔵、海保帆平《かいほはんぺい》等、高名の剣士を出すが、一方では幕末に活躍した人々、新徴組組織者清川八郎、新選組の山《や》南《なみ》敬介、藤堂平助、桜田門外で井伊大老を討った有村治左衛門らも学んだのである。

剣禅悟入の挿話

龍馬が入門する少し前のことであろう。お玉ヶ池千葉道場におきたエピソードを、『大菩薩峠』の作者中里介山は『続日本武術神妙記――戈《ほこ》を止《や》む』として紹介している。以下現代文に直してみる。

幕末の頃、土佐に茶坊主土方《ひじかた》某という者がいた。性磊落《らいらく》にして奇行多くまた胆気があった。士分に列せられて両刀を差していた。曾《かつ》て江戸屋敷にいたある日、夜外出して和田倉門外を通過した時、一人の武士に出遇った。

この武士は、「甚《はなは》だ突然のことながら私と御身と真剣の勝負をして下さい。私は所願ありて既に多くの人々と立会い、幾十百人を斬りたり。固《もと》より辻斬りをする者ではありません。名乗《なの》りでて勝負をしたい」と言葉静かに決闘を申し出た。土方某は茶坊主出故、剣術を知らず心中大いに驚いたが、さあらぬ態《てい》をつくろい「御身の望む所は私は之《これ》を承知します。けれども今主命を奉じて使いをする途中故、直ちに立合は出来ません。御身若《も》し私の主用を果すを待って下さるなら、私は、喜んで勝負を致しましょう」と。

かくして土方は二刻（四時間）ばかりの猶予《ゆうよ》を約して、神田お玉ヶ池千葉周作門を叩いた。夜中でしかも病床についていた千葉先生も「主命を帯びて来訪」というので起きる。危急の面会であって、山内容堂の主命ではなくて訪れたことがわかり、周作は叱責したが、果たし合いをいどまれた顚末を打ち明けられ「主命を汚してはならない大事」を理解した。土方某は言った。

「さて御恥ずかしいことですが、私は未だ剣法を知りません、兎《と》にも角にも討たれて死すべきと覚悟はしていますが、未練な死に様して恥を遺し、主名を汚すを恐れます。故に先生にお目にかかって、見苦しからぬ死に方の方法をおたずね申します。どうか先生、之を教えて下さい」

これに対し周作は、重大な示《し》教《きよう》、剣の要諦《ようてい》を与えた。

「珍らしきことを聞くものよ。私は幾多讐討《あだう》ちの後見をし、或いは多く剣法を人に教えて来た。どのようにして敵に勝つべきかを問わる、こと幾度か知らない。けれども如何にして死すべきかを問われたるは、今日が始めてである。よろしい、御身の為に語ろう、ただ今の御話によれば敵は頗《すこぶ》る手練ある武士と見受けたので、縦令《たとい》御身が今より必死に数年の修業を積んだとて、決して其の武士に勝つことはできない。かえって御身が剣道を知らないのを利点としよう。御身心して我が言を聞け。彼の武士と相対して互いに一刀を抜くや否や、御身は直ちに左足を踏み出して力を込め、大上段にふりかぶりて両眼を閉じなさい。どんなことがあろうとも其眼を開くことをしてはならぬ。稍《やや》ありて腕か頭か冷やりと感ずることあるだろう、その時斬られたのである。が其の刹那《せつな》、御身も力に任せて上段より斬り下しなされ。敵も必ず傷《きずつ》き、或いは相打ちになるやも知れず、此事は決して背《そむ》いてはならぬぞ」

そこで土方は、拝辞して待たせてある武士のところへ赴き、向かい合った。土方は周作先生にさっき教わったとおり魂を丹田《たんでん》にこめ刀を大上段に構え、両眼を閉じて石像のように立った。そして待った。己が斬られるのを待った。時刻が移りそして不思議がおきた。

「恐れ入った」と声がした。その時眼を開いて見ると、武士は刀を投げ出して大地に伏していた。土方また怪訝《けげん》の念に堪えないでしばらく茫然として言葉も出なかった。武士は言った。「恐れ入った御手のうちです。我等の及ぶ処にありません。どうか私一身はどのようにも処分して下さい」

土方は意外の言葉に驚きながら「土佐藩の武士は降伏した者を斬る刀は持っていない」と答えると、くだんの武士は「一命を助け下さるならまことにかたじけない。願わくば今より拙者を御身の弟として下さい。拙者は多年諸国を廻り多数の剣客と立ち合っているが、御身のような変わった流儀を見たこともございませぬ。何流か御教示願いたい」そこで土方は、

「いや、何を隠しましょう、私は聊《いささ》かも剣道を知らぬものです。先刻主用云々と云ったのは全く偽《いつわり》です。実は千葉周作先生を訪ねて、死に方の教訓を受け、先生の言われるまゝにしたるのみです」と微笑して語った。武士曰く「たとえ剣道を知らないにもせよ、その決心をなさったのは正に剣道の奥儀を会得したるものです。我が兄として仰ぎたく思います」と。

土方「さらば夜更《よふ》けですが、千葉周作先生を訪ねて今宵の物語りを致しましょう。連れ立って参りましょう」と言って両人打揃って先生の門を叩く。先生事の始末を聞き、手を打って喜ばれたので両人はその面前に於て、兄弟の約を定め、以後親交は諭《かわ》らなかった。

晩年の円熟した千葉周作が北辰一刀流の剣の要諦《ようてい》を語ったのである。剣は末葉の技術ではなく、身を捨てて勝機をつかみ死地から生に還《かえ》ることを説く。この後に千葉門に就く龍馬の剣筋もここに繋がり、同藩土方《ひじかた》某の話柄《わへい》は龍馬も伝え聞いたはずである。まことに見事な捨身飼虎《しゃしんしこ》（修行、報恩のため身を殺して、飢えた虎などに身を捨てて犠牲にすること）の構えである。剣とは何かを頓悟《とんご》したにちがいない。

龍馬は人を斬る剣を学ばなかった。生涯刀を抜いたことはなく「活人の剣」を千葉道場で学んだといえる。中里介山は同書で、杉浦重剛著『倫理御進講草案』の一節を付け加えている。

「本来、武という文字は戈《ほこ》を止むると書き、平和を意味するものである。また名工岡崎正宗が刀を鍛える心中は、常に平和を祈願したという」

黒船と龍馬

「外国船が処々にやって参りましたので、戦争も近い内におこりそうです。其時は異国人の首を打ち取って帰国致します。かしく」

嘉永六年（一八五三）秋、父直足にあてた龍馬の黒船消息文である。黒船即ちアメリカ東インド艦隊を水師提督ペリーがひきいて浦賀に来航したのは、龍馬が江戸に入った直後の同年六月のことであった。はじめて見る四隻の黒船は江戸の内外に大きなショックを与えた。龍馬はこの際、警備の一人として土佐藩の品川藩邸附近に臨時雇いで加えられた。

同年九月ペリーは来年を約して退去したが、龍馬は「異国人の首」を打ち取ることを決意している。彼は当時の攘夷《じょうい》青年として剣の道から出発してゆく。歴史との遭遇は龍馬を異人外国へ向ける剣、国土防衛の剣術として奮いたたせたことが文面から伝わってくる。剣士出発の途上でゆすぶられたものは、むしろ外からのもので、やがて彼の革命家・政治的奔走家としての生涯につながってゆく。

龍馬は予定どおり期限十五か月、千葉道場での修行を了《お》え、翌安政元年（一八五四）六月、高知へ帰る。この年十一月は安政の大地震、翌二年は父直足の病死がある。安政三年八月再び修行期間一年で江戸へ出て、千葉道場にて剣術修行に励む。高知で兄事した遠縁の武市半平太もこのときは浅蜊河岸の桃井士学館で塾監を勤めており、彼と交流。さらに桃井塾に在塾した父の実家から出た山本数馬が、時計盗難事件をおこし、龍馬が逃亡させている。数馬はのちに沢辺琢磨《たくま》として数奇な生涯を送り、日本ハリストス正教会の大司教、神田お茶の水にあるニコライ堂設立者となる。

御前試合と撃剣会

この二度目の龍馬出府修行中に、山内容堂が呼びかけた御前試合組合せ勝負表が残されている。坂本龍馬研究の権威者平尾道雄氏は、既述の土佐藩剣術指南石山孫六の養嗣石山熊彦氏より提供された勝負表を『龍馬のすべて』に掲げている。

龍馬二十三歳で江戸滞在中のことである。土佐藩主十五代松平土佐守山内容堂は自らも居合術に達した殿様で、しばしば剣客を招いて剣術試合をさせたというが、この試合表は次のように記載。安政四年（一八五七）十月三日、鍛冶橋藩邸にて、審判者は神道無念流の斎藤弥九郎、鏡新明智流の桃井春蔵（代人桃井左右八郎）、北辰一刀流の千葉栄次郎、ほか島村伊左尾、石山権兵衛の五人で、出場剣士には使い手がずらりと並んでいる。主なも

のを挙げると、

（　福富　健次　（○坂本　龍馬　（　山本　卓馬　（○富岡鉄之助　（○斎藤歓之助
　○桂　小五郎　　島田駒之助　　○小村　宗吉　　五味政太郎　　溝口　八郎
（○上田馬之助　（　島村伊左尾　（○斎藤弥九郎
　村川　宗助　　○石山　孫六　　海保　帆平

等とあって、見事な勝負表である。ここで平尾氏は次の点を疑問視している。当時の『山内家日記』には、この上覧試合の記載がない。既述の山本卓馬（琢馬）はこの年八月十六日に、時計拾得一件で亡命不在。桂小五郎は肥前（長崎県）大村藩主大村氏や野州壬《み》生《ぶ》（栃木県壬生町）藩主鳥居侯に招かれて試合に応じてはいるが、土佐藩邸試合出場記録は『松菊木戸公伝』（妻木忠太著）にも出ていない。よって、「当時の事情にかなり精通した者によって偽作されたものではないか。時代の激動に応じて剣術ブームがまきおこると、剣士たちの優劣を知りたい欲求があるのは当然のことだ」と平尾氏は評している。それにしても龍馬や桂は強しという評判が江戸にあったことを当時も伝えたものであろうか。さらにこの二人の最も興味深い対決の有様が遺《のこ》されているのである。『幕末剣客物語』（藤島一虎著）の「三大道場の若い星」に紹介されている。安政五年（一八五八）十月二十五日、浅蜊河岸の桃井士学館で試合が催される。桂小五郎と坂本龍馬の試合は次のように報ぜられている。発信人は武市半平太、あてさきは土佐藩士小南五郎右衛門で、同年十月二十九日付である。

「去二十五日桃井家撃剣会の由を以て案内に預りました。当日は千葉両家を初め、何《いず》れも先生株の寄合にて、最も強いと聞えた長州藩木戸準一（孝允）氏数番の勝を制し、何れも相手をする者も居なかったところ、諸氏の勧《すすめ》により坂本龍馬と立合となりましたところ、殊に龍馬はこれまでの勢と違い、殊の外盛《さかん》であって十本の勝負互格（角）となり、則《すなわち》十一本目切羽《せっぱ》の勝負と相成り、準一氏得意の上段にて打込む所を、坂本先を掛而双手突《かけてもろてづき》図に中《あた》り、準一氏の面抜上りました。其時見物の人々大声にてときの声、道場まさに破れんばかりの有様でした。若《もし》、坂本が負けた時は野生（武市）の順番となっていたところ、幸にして天下に恥をさらさなかったのは此上の幸でした。あまりのうれしさに拙画を以《もっ》て当日の有様を御高覧に供しますので御笑い下さい」

とあって、桂、龍馬の試合は十本とも互角のあと勝敗をかけた十一本目に龍馬の突がきまって満場を唸《うな》らせたとある。桂より龍馬は強しとしているが、残念ながらこの手紙も真《しん》贋《がん》が疑われるのである。試合を実見したはずの半平太は前年安政四年九月のこと、祖母病気見舞のため江戸を去っており、当の龍馬も安政四年九月江戸修行満期となりさらに一年延長を許されてはいるが、安政五年九月には帰国。この「十月二十五日」では、不在人物出場で、半平太も幻の試合を見たという按配になる。桂小五郎が木戸貫治と改めたのは慶応元年（一八六五）で、さらに準一郎と改めたのは翌二年九月である。「龍馬が剣客として当時認められていたことは確実だが、どれほど強かったかを知りたいのは大衆の要求だろう。偽文書は変形された創作といえそうだ」（『龍馬のすべて』）と平尾氏はしめくくっている。

安政五年九月、龍馬は剣術修行満期で帰国するが、この年正月、千葉定吉より『北辰一刀流長刀兵法』（高知桂浜龍馬会蔵）一巻を授かる。すなわち嘉永六年三月より十五か月間の修行、安政三年八月より安政五年帰国までの二年間の精進に対する認可免状である。目録内容は、

「北辰一刀流長刀兵法　目録　水玉　黒龍　駒返」等十数箇条があって、「浦風や浪のあらきに寄る月のあまたに見えて烈しかりけり　北辰一刀流長刀兵法稽古を積むこと浅からず、組敷《くみしき》相済み其上勝利之働《はたら》きがあることによって、此の一巻を差し進めます」とあって、最終は「北辰一刀流開祖千葉周作成政　千葉定吉政道　千葉重太郎一胤　千葉佐那女　千葉里幾女　千葉幾久女　安政五戊年龍　正月吉祥日　政道印　花押　坂本龍馬殿」

とある。筆者はこれまでにも剣術免許状を幾種類か見たが、女流剣士の名を連ねる例は珍しい。千葉家には女性尊重《フェミニズム》の塾風があったと解され、明るい活剣の気配を伝える。そし

て龍馬と千葉佐那女との若き日のロマンスを、この免状から想像するのである。

長刀兵法は薙刀《なぎなた》術と指摘され、龍馬が江戸千葉道場で前後五か年修行し、他にも「免許皆伝」があるにちがいない、とも考えられる。しかし今日「長刀兵法」しか残っていない。

ここで注目すべきことは、龍馬は北辰一刀流や小栗和術剣法を学んだだけでなく、西洋の砲術を学んでいる事である。嘉永六年十九歳で黒船を見た年の十二月、江戸で『佐久間象山砲術門人帖』に入門記載がある。江戸から帰国したのち安政六年（一八五九）九月、二十五歳でさらに、高知の西洋流砲術家徳弘孝蔵（董斎《とうさい》）にも入門している。

尊王攘夷はもはや刀槍では役に立たぬことを見抜き、大砲と軍艦を思考している。このことは開国と貿易、洋式海軍設立の構想につながり、近代開明派龍馬の萌芽《ほうが》が見られる。のち伏見寺田屋事件で、護身用として日本の刀剣よりも西洋のピストルを選んだ龍馬である。

脱藩まで

龍馬は二十四歳で帰国して文久二年（一八六二）二十八歳で脱藩するまで土佐の高知で過ごしている。安政五年（一八五八）、水戸藩激派の有志住谷寅之助らが土佐国境を訪ね、龍馬を呼び出すが、「龍馬誠実、可也《かなり》の人物併《あわ》せて撃剣家」と印象を認めている。水戸家に縁故のある江戸千葉道場の高弟の名声が知られていたことを伝える。次の安政六年にはさきに述べた砲術家徳弘門に入る。井伊大老暗殺のあった万延元年（一八六〇）は武市半平太が門人岡田以蔵、久松喜代馬ら郷士を連れて中国九州方面に剣術遊歴に出るのを見送っている。

このとき、「もはや武者修行の時代でもあるまいに」と龍馬がつぶやいたという。武市も実際は時勢視察の旅であった。次の年文久元年十月、師匠日根野より『小栗流和兵法三箇条』を伝授された直後、自らも「剣術詮議」と称し、明年二月まで国を飛び出している。武市の密命を帯びていたのである。

丸亀に行き、剣客、真清《しんせい》流達人矢野市之丞方で一か月滞在、剣術期限を延長し、瀬戸内海を渡り芸州坊ノ津より中国地方に入る。長州萩の明倫館文武修行館（他国者修行所、のち有備館）で藩の若侍に勝負を挑まれたのはこの折のことである。龍馬は三本試合に見事負けてしまった。北辰一刀流高弟の龍馬が負けたので相手もおどろくと、龍馬は未練気もなく、「自分が弱いからだ」と平気で言ったと伝えられる。

龍馬は萩から帰った直後、土佐を脱藩しているので剣よりも他のことが念頭にあったのは確かである。このとき武市の密書を携え、久坂玄瑞《くさかげんずい》にその返事をもらい受けている。「草莽《そうもう》の志士糾合、義挙の外にはとても策これなき事」として「尊藩（土佐）も弊藩（長州）も、もし亡んでも、それが大義のためだったら当然であります」という激烈な内容であった。二月末帰国、一か月のちの三月二十四日脱藩。在京の初恋の人平井加尾へ「高マチ袴、宗十郎頭巾、女用大小一腰」等を用意させる手紙は、前年（元年九月）発信しているので、すでにこの頃から亡命を計画していたものであろう。

海舟との邂逅《かいこう》

諸説あるが、江戸赤坂氷川崖下の勝邸において海舟を知ったのは、龍馬が「世界と軍艦」に出会ったばかりでなく「刀と禅」との出会いでもあった。はじめは幕臣海舟を斬るつもりで訪ねたといわれ、海舟自身も大層劇的な場面を書き残している。

「坂本氏曾《かつ》て剣客千葉周《ママ》太郎と伴い、余を氷川の僑居《きょうきょ》（かりずまい）に訪ねて来ました。時に夜半まで語り私は、我邦海軍の興起しなければならないことを喋《しゃべ》りました。氏（龍馬）大いに会得する所ある様子で、余に語って、「今宵はひそかに決心して参りました。若し先生（海舟）の説が間違っていたなら、先生を刺そうと決めていましたが、先生の説を聴き私の固陋《ころう》を恥ずかしく思いました。どうか先生の弟子に加えて下さい」（『追賛一話坂本龍馬』）

龍馬はすでに二十歳の頃土佐の高知で、アメリカ漂流漁民ジョン万次郎を取調べ、薩摩藩反射炉を見てきた、藩絵師河田小龍《しょうりょう》を訪ねている。この際「僕は若年より撃剣を好みましたが、是も所謂《いわゆる》一人の敵であって、何か大仕事をなさなければ、とても志を伸ばすことがむつかしい」（『藤陰略話』）と頓悟《とんご》（一気に悟りを開くこと）している。

咸臨丸《かんりんまる》で太平洋を横断、はじめてアメリカを見てきた幕府きっての開明家で軍艦奉行並の海舟に会いに出かけたのは、「世界と海軍」への期待を抱いていたにちがいない。江戸っ児海舟が、ドラマ仕立てで土佐っぽ龍馬との歴史的な邂逅《かいこう》を報じたとも考えられる。

海舟は剣客であり禅の達人である。「本当に修業したのは剣術ばかりだ」と語っているが、龍馬と同じように十三、四の頃から二十歳すぎまでの期間は、親戚で直心影流男谷精一郎信友《おだにせいいちろうのぶとも》の麻布狸穴《まみあな》道場に通った。男谷は幕末の剣聖と呼ばれ、剣士ながら幕閣に入って三千石を拝領している。海舟はその後浅草新堀にある男谷の高弟島田虎之助道場に住み込み、身心の鍛練に打ちこみ「稽古衣一枚で王子権現に夜稽古」は一日も怠らなかった。また坐禅は向島の弘福寺《ぐふくじ》に四年間通った。この体力と精神力が「幕府瓦解の前後に顕れて、あんな艱難辛苦《かんなんしんく》に堪え得て、少しもひるまなかった」と『氷川清話』で述懐している。

剣士同士の出会い故、たちまち暗黙の了解が双方の体を通じて響きあい、日本の歴史にかかわる邂逅となった。龍馬は海舟に出会ってたちまち開眼している。マリアス・B・ジャンセン氏は『坂本龍馬と明治維新』で次のように述べている。

「剣術というものが精神面に課する要求には、もともと限界があるが、彼らの経験の大部分をしめていたのはその剣術であった。社会国家の営みが、ことごとくうまくいっていないのに、初めて気づいたとき、坂本が示したのは感情的で暴力的な反発であった。（中略）西洋技術の創造的活用により、国の強大をいたす新たな道が開かれるという思想が、坂本の目を開いた」

伏見寺田屋事件の危難

慶応二年（一八六六）正月、薩長連合成立直後におきた、伏見寺田屋事件の襲撃戦闘場面を龍馬は兄権平、一同にあてて詳報している（慶応二年十二月四日付）。

『鎗を持った人数は、梯《はしご》の段を登ってきました。私も立ちあがり袴を着《つ》けようと思ったが、次の間においてあったので、其のま丶大小の刀を指し、六連発のピストルをとって腰掛に坐りました。連れの長州藩士三吉慎蔵は袴を着、鎗を持って腰掛にかけていた。唐紙を取りはづして見れば目の前に鎗を持った拾人ばかりが立ち並んでいた。双方しばらく睨みあい、私より「どうして薩摩の我らに不礼をするぞ」と申したが、敵は口々に「上意であるぞ、坐れ〳〵」とののしって進み来た。其の時、短銃の打金をあげて鎗を持った一番右の初めを狙って打つと此者は退いた。

此の間、敵よりは鎗を投げ、火鉢に打ちこんで来て、いろいろと戦った。三吉も鎗で防いだ。家内の戦闘はやかましくてたまりません。其の時、また一人を打ったがあたったかどうかわかりません。敵の一人が障子の蔭より進んで来て脇指《わきざし》で私の右の大指《おやゆび》の元をそぎ、左大指の節を切り割りました。浅手であって私は其者に銃をさし向けたのに、手早く障子の蔭にかくれました。

一人の敵、黒き頭巾《ずきん》を着け、たちつけをはき鎗を正眼のように構えて近々よってきて壁に添って立つ者がいたので、ピストルの打ち金を上げ、三吉慎蔵の左の肩を銃の台として、敵の胸をよく見込んで打つと、敵は弾丸が当ったのか、唯ねむって倒れる様に前に腹這うように倒れました』

このあと敵のひるむ隙をつき隣家の戸を破って町に出て、お龍の注進で馳けつけた薩摩藩士吉井幸輔らにより伏見屋敷へ救出される。小栗流と北辰一刀流の免許皆伝を合せもつ剣士龍馬は、この戦闘に剣を執らず最初からピストルという舶来の武器に生命を托している。これより前、桂小五郎あて「是非なく、彼の高杉晋作より送られたピストルを以《もっ》て打ち払い、一人を倒しました」（二月六日桂あて）と知らせているが、このピストルは一八三五年、北米サムエル・コルトの発明したコルト旧型六連発リボルバーであった。二十数人の槍と刀に囲まれたとき、最も効果的な新式武器で対抗し、九死に一生を得たのである。

文久から慶応にかけていくつかの暗殺襲撃事件が発生するが、ピストルで対抗した例は龍馬の他にない。幾度か死地をかいくぐりながら、一度も剣を抜かなかったのは桂小五郎と龍馬である。この際龍馬は四発うち一発を幕吏《ばくり》に命中させている。翌冬、近江屋の龍馬暗殺を見廻組今井信郎《のぶお》は、「彼曾《かつ》て伏見に於て同心三名を銃撃し逸走《いっそう》したる問罪の為」（明治四十二年十二月十七日、今井信郎より和田天華あて回答書）としているが、「銃撃」で当時の複雑な暗殺指令のかくれた政状を糊塗《こと》している。

桂は龍馬へ「大兄《たいけい》（龍馬）の伏見における御災難は、骨も冷たくなって驚きました。大兄は御心が公明正大で御量が寛大で、とかく物ごとに御用捨ない方ですが、この世界は狐《こ》狸《り》の世界か豺狼《さいろう》の世間かわからない程物騒《ぶっそう》な世の中です故、少しは天日の光が見えるまで何事も御用心して下さい」（二月二十三日）と懇篤に見舞っている。桂は剣士同士の友情を披瀝《ひれき》しながら、龍馬の放胆無用心さを憂え、次におきる危機を見抜いていたのである。

龍馬の手紙、なかでも兄権平にあてた手紙には時々、刀のことが書かれている。剣士から出発して、少年時代虚弱の体質を自己改造したほどの龍馬には、特に刀剣への愛着があったのではなかろうか。慶応年間、南船北馬の奔走中にも閑暇《かんか》を得れば、しばしば刀剣を取り出している気配がある。

「さて、先年より御尽力下さって有難く存じます。私のため尽して下さったことは則ち国家のため御尽力してくれたと同然です。よって何かお酬い申したく、此度、私の所蔵する旧赤穂の家臣神崎与五郎則休《かんざきよごろうのりやす》の佩刀《はいとう》無銘一口《ひとふり》を貴兄へさし上げたく存じますので御受とり下さい」

慶応二年十月五日、薩摩藩士吉井幸輔（維新後、伯爵。歌人吉井勇の祖父）にあて「御尽力」の謝礼に赤穂四十七士の一人神崎与五郎佩用の遺刀を贈った際の一書である。「御尽力」はさきの薩長連合への協力や、伏見寺田屋事件の救出や薩摩へのお龍との船旅、霧島山登山の案内等を指している。

「御国の土佐でも流行している長剣は、かねて申し上げていますが、一人一人の喧嘩《けんか》や昔咄《ばなし》の宮本武蔵の試合の時は至極よろしいが、当時の戦場には役立たないと思います。多人数を指揮する人などは銃をもたぬもの故ずいぶん嫌い屋がおる。長剣も宜しくても二尺二寸の刀に、四五寸ばかりの短刀が宜しいと思います。たとえ敵が鼻先へ来ても、少しの心得があれば銃の込み替えは出来るものです」（慶応二年十二月四日、兄権平、一同あて）

この手紙には伏見寺田屋遭難の際、いみじくも刀を抜かなかった理由を告白している。刀から短銃への変り身の早さ、その実戦的成果を述べ、敵を眼前に迎えても「少しの心得があれば」銃の込み替えも出来て「刀はなくても然るべし」と、西洋武器の実用を讃えている。

「この頃お願い申し上げたいことは、古人も云っていますが、国難にのぞむ非常時には、必ず家宝とする甲冑《かっちゅう》（武器）や家に伝わる宝刀を頂いて身につけます。私へも何かそのような品を頂き遣わされれば、もし死んだ時もなお御側にいつまでも居るような気持です。どうかお願い申し上げます」（同二年十二月四日、兄権平あて）

死の一年前、坂本家蔵の銘刀を所望している。諸国を奔走中にも止みがたい望郷のこころや、家への懐旧の想いがあったのである。先祖から伝えた土佐の刀匠の鍛えた刀を傍におきたい希求を、あからさまに示している。その刀につき本状より半歳後に次の礼状を兄にあてている。

「先頃、西郷隆盛氏より私あて兄上が送って下さった坂本家家蔵の吉行の銘刀を、此頃京に出る時には常に帯刀しています。京都の刀剣家にも見せたところ、皆が粟田口忠綱《あわたぐちただつな》の刀位いの目利《めきき》をしてくれます。此の頃、土佐藩士毛利荒次郎（恭助）が京都へ出てきて、此の刀を見てしきりに欲しがっています。私も兄上の　賜《たまもの》　だと誇りに思っています」（同三年六月二十四日、兄権平あて）

とある。西郷隆盛はこの年二月、四侯京都会議出席を促しに高知の山内容堂を訪ねている。このとき坂本権平は龍馬の所望した「家宝の宝刀」より吉行の銘刀を選んで、上洛する西郷に托した。これを京都で受領した龍馬は、銘刀粟田口忠綱にも比せられたことが嬉しく「兄の　賜《たまもの》」と感謝をのべたものである。吉行は通称山岡平助で、元禄年間、摂津住吉（兵庫県）より四代山内豊昌に招かれて来国、土佐の鍛冶奉行となった名刀匠である。この年十一月京都河原町近江屋にて龍馬が刺客に斬りつけられた際、三の太刀を鞘のまま受けとめた佩刀である。兄への刀所望はその後にも出てくる。

「この頃またお願い申したい品物がございます。あの兄上の御持ちの『無銘の了戒』二尺三寸ばかりの御刀を何卒いただきたく、その代り何か私にお求めなされ度きもの西洋ものならお申し聞き願い奉ります。まずは今、持ち合わせの懐中時計一面を差し出し申しますので、御笑納願い奉ります」（同三年八月八日、兄権平あて）

長崎で突発したイカルス号水夫殺害が、龍馬の海援隊に被疑され、この交渉のため龍馬も高知須崎港へやってきたとき、舶来の「時計一面」を贈って、家蔵の「無銘了戒」を獲得しようと発信したものである。このように刀剣好きの龍馬がピストルについては、

「短銃《たんぽぅ》をよこせと御申しですが、これは妻（お龍）にも一つつかわしてあります。長さ六寸ばかり五発込めで懐剣よりは小さいけれど、人をうつに五十間（約九一メートル）位距離をへだてて打ち殺すことが出来ます」（同年六月二十四日、乙女、おやべあて）

とピストル効用を乙女に説明し、お龍にも使わせている。伏見寺田屋で経験ずみのように、実用として使うのはピストルでありながら、身辺には銘刀を置きたがっている。剣士龍馬の心には刀への美意識や刀の持つ個有の匂いに魅せられていた刀剣趣味の気配がある。あて先き年月未詳の龍馬書簡に絵入りで「刀剣図考」の「本を御こし」下さいともある。暗殺される二日前（慶応三年十一月十三日）在京の海援隊士「陸奥老台」（宗光）にあて、自らは「自然堂」と署し、刀談義で終始している。

「一、さしあげますと申した脇差は、まだ大坂の使いが帰って来ないので何時出来るかわかりません。

一、御もたせの短刀は、さし上げようと申した私の刀よりは品がよほどよろしい。ただし中心《なかご》の銘及形、これはまさしく確かなものです。大坂より刀が研ぎかえった時はお見せ致します。

一、小弟（私）の長脇ざしを御らんなされたいとのことですが、ごらんに入れましょう。」

この「小弟の長脇ざし」こそ、さきに兄から贈られ、高知から西郷に携行させた銘刀吉行である。二日後、近江屋二階で遭難したとき、鞘をはらう暇もなく鞘ごと受けとめた愛刀であった。

龍馬遺刀として京都国立博物館に今日伝わるものに、この吉行と、山城国西陣住埋忠明寿作の二刀がある。吉行は長さ二尺二寸、直刃、反りがほとんどなく美しい刀身を見せる。その白鞘《さや》には「坂本龍馬佩用　大正二年十二月二十六日　釧路市大火ノ際羅災ス」とある。山城国は刀身表に梅花、裏に梵字が彫られ、柄の目貫に龍が施され、鞘は幕末土佐藩士間に流行した朱鞘ごしらえである。ほかに「龍馬愛刀　東湖先生題詩　勝家秘蔵」の箱書があって刀の中心《なかご》に「東湖先生詩禄　直柔帯」と五言律詩を刻んだ銘刀を、筆者はかつて『坂本龍馬写真集』（新人物往来社）に撮影収録したが、この刀は所蔵さき某歴史館にて数年前盗難にあって行方不明である。

龍馬暗殺

龍馬の最期の場面は、岩崎鏡川の名著『坂本と中岡の死』（「坂本龍馬関係文書」第二）に描かれている。この著述は当時生き残りの目撃者の証言や、幕末関係史料諸文献を博捜《はくそう》して書かれたもので、龍馬遭難暗殺の史実を扱って価値の高いものである。

慶応三年（一八六七）十一月十五日午後九時頃であった。京都河原町通り、土佐藩出入りの醬油商近江屋の二階母屋八畳間で、風邪気味の龍馬は真綿の胴着に舶来絹の綿入れを重ね、その上に黒羽二重の羽織をひっかけ、来客の陸援隊長中岡慎太郎と火鉢を囲み対談していた。「腹がすいた、峰吉、軍鶏《しやも》を買ってこい」と声をかけて、出入りの書店菊屋の少年峰吉を使いに出したあとであった。「十津川の者だが、坂本先生に御意を得たい」と表で訪《おとな》う者があった。角力《すもう》とりあがりの下僕藤吉がこの名刺を取りついで階段を上った。

三人の刺客は窃《ひそか》について来て、藤吉が、名刺を龍馬に渡して出て来たところを、一人が進み出てこれを斬った。藤吉は創を六刀受けて殪《たお》れた。龍馬は慎太郎と共に、頭を燈前に出して名刺を眺めようとした刹那『バタリ』と大きな物音がしたので、店前にて若者共が戯《たわむ》れて居るのだと思い『ホタエナ』と土佐弁で叱った。この咄嗟《とっさ》の間に、二人の刺客は奥の八畳に跳《おど》り入って、一人は『コナクソ』と叫んで慎太郎の後脳部を斬り、一人は龍馬の前額部を横に払った。

龍馬は佩刀を後ろの床の間に置いてあったので、これを取ろうと、背向になった所を、また右の肩先より左の背骨にかけて袈裟懸《けさが》けに斬られた。しかし龍馬は刀（吉行、長さ二尺二寸）を取って立ち上った。三の太刀は刀を抜く暇もなく鞘のまゝに受けたので、この家の天井は東の軒にかけて低く、傾斜した穹窿《きゅうりゅう》形をしていたので、鞘の鐺《こじり》が天井を突き破った。敵の刀は、太刀折の所より六寸程鞘越に刀身を三寸ほど削り、流れてまた龍馬の前額を鉢巻なりに横に薙《な》いだ。

ことに初太刀は脳漿が白く汾出《ふきだ》す迄の重創であったので、最早怺《こら》えず『石川（中岡慎太郎の変名）刀はないか、石川刀はないか』と叫びつゝ、其場《ひま》に斃《たお》れ伏した。慎太郎も佩刀を屛風の後ろに置いてあったので、これも刀を取るに間なく、短刀を取って立ち上ったが、抜くに遑《いとま》なく、鞘のまゝで渡り合った。ついに慎太郎は力つきてうつぶせに斃れたところを、賊は刀を舞わして二太刀ほど臀部を骨に達する迄に斬り付けた。賊は最早、本望を達したと思い、『もう宜《よ》い、もう宜い』との言葉を残して階段を降り去った。

少頃《しばらく》して、龍馬もまた蘇《よみがえ》り、刀を抜いて燈火の前ににじり寄り、火光に照らし『残念残念』といった。そして慎太郎を顧みて『慎太、慎太、どうした手が利くか』といったので、慎太郎は『手は利く』と答へたので、龍馬はなほも行燈を提げて次の六畳に至り、手スリの所より『新助医者を呼べ』といったが、最早虚脱して、幽《かす》かな声しか出ず、『慎太、

僕は脳をやられたから、もう駄目だ』の声を最後に席に俯伏《うつぶし》た。其の血は流れて欄干より下の座敷に落ちた

遭難直後、偶然馳けつけた芸州広島藩士林謙三（のち海軍中将安保清康）は、「処々に血痕の足跡を認めた。余は坂本氏の安否を知ろうと覚えず階上に突進した。氏の室に入ると、氏は抜刀のまま流血淋漓《りんり》の中に斃《たお》る。眼を次室に転ずれば石川清之助半死半生の間に苦悶していた。また隣室を望むに、従僕声を放って苦悶しつつあった。その背部に大傷を見る。既に絶命に近かった。」（『犬尿略記』）とある。さらに最近『近江屋文書』から発見された資料には「脳の傷のため後ろに倒れられたところを、二刺咽《さしのど》を刺された。しかしながら坂本氏は刺客が帰るや否や、家の主人に医者を呼べと命じた」（明治三十三年、井口新助筆録『今井信郎氏実歴談』への弁駁《べんぱく》草稿）とある。龍馬は「頭はザクロが割れたようになっていた」（郷土史家橋詰延寿氏が、戦前、田中光顕伯を蒲原の別荘に訪れた際の回顧談）上に二箇所も咽喉に止《とど》めを刺されながら甦り、「慎太、手がきくか」「新助、医者を呼べ」と叫んだ龍馬終焉《しゅうえん》は壮絶である。

近藤勇はこのニュースをきくと「剛勇の龍馬を討留めたのは感賞致すに価する」（大石鍬次郎口述書）と刺客を褒めているが、裏返せば龍馬の剛勇を讃えたともいえよう。

この龍馬を襲撃した刺客たちは選抜された剣豪であり、超プロ級の殺し屋であった。幕府見廻組佐々木唯三郎《ただざぶろう》ら七人といわれている。佐々木は文久三年、江戸麻布一ノ橋で、新

徴組隊長で北辰一刀流の遣い手清川八郎を暗殺している。この佐々木がひきつれた刺客はいずれも猛者で、殊に龍馬・中岡及び藤吉に当った刺客は、少しの無駄もない攻撃に終始している。

一人は直心影流榊原鍵吉《さかきばらけんきち》門で小太刀の名手と称された今井信郎、他の一人は一刀流西岡是心《ぜしん》流の渡辺一郎（篤）とされている。桂がかつて忠告したように「大兄ハ御心之公明と御量之寛大とに」任せすぎ「兎角御用捨《とかくごようしゃ》」する無用心もあった。人には魔の時刻が訪れる。不意をつかれるなら、剣豪も斃《たお》される。しかし一撃の致命傷を受けた後の龍馬の行動は常人、並の剣客のとれる態度ではない。もし互角に向い合えば、必ず相手を斬り伏せていたであろう。

たしかに龍馬は見廻組刺客団に襲われ、一瞬のうちに暗殺されてしまった。この事実をみて、それでも龍馬は剣豪と言えるだろうか、という問いに対し、著者の友人で武術家武部富雄氏は次のように答えてくれた。

――桂小五郎と共に人を斬ったことのない剣士龍馬が、剣豪としての実力を発揮したのはむしろ、この近江屋における最期ではなかったろうか。脳漿が噴き出す初太刀を受けたら普通なら、ここで昏倒《こんとう》している。しかし彼はそうではなかった。刀を取ろうとしてさらに右肩に第二刀、それでも屈せず第三の凶刃を鞘ごと受けとめ再び額を斬撃される。激しい流血で両眼の視力はゼロにもかかわらず、立ちあがって第三刀の防禦をしている。傷害の度は既に抵抗の限界をはるかに超え、精神的にも余程鍛えぬかれていなければ、狂燥状態におちいるだけでなく発作にかられるだろう。このような的確な行動は尋常の体力、並みの精神力では出来ない。人力の限界まで闘っている。

その上、近江屋新助の証言では二刺も咽喉をさされている。普通の剣士なら即死である。刺客団の去った後、龍馬は甦って、「石川」と中岡の変名を連呼している。死期を目睫《もくしよう》にして自分自身を見失わぬ行動は鬼神も哭《な》かす。刺客たちも同じ剣を歩む者として、心底深い感銘を与えられたにちがいない。この常人を絶した精神力、少しも乱れのない動作は、龍馬が稀に見る剣豪であったことを立証する。——

剣から出発し剣で斃れた生涯。このような壮絶な最期は幕末維新史上に類例がない。

近藤　勇

井代恵子

評価の変遷

近藤勇《こんどういさみ》にたいする評価ほど、明治維新以後の歴史の流れの中で大きく変化したものはない。

慶応四年（一八六八）、新政府軍に捕えられた勇は、凶悪な罪を多く犯し、官軍に敵対したという理由で処刑されたが、その当時すでに勇を批判する人ばかりではなく、好意をしめす者さえあったと伝えられる。だが倒幕運動の渦中で新選組と剣を交え、多くの同志たちを失った人々によって樹立された明治政府が、その体制をかためると、同情論は声をひそめ、時代に逆行したテロリスト集団の首領といった見かたが強まる。しかしそうした風潮のなかでも、勇たちの事蹟を世に残そうと考える新選組関係者や子孫たちの努力がみられ、明治末期から大正のはじめにかけて、そのいくつかが発表された。

しかもその頃になると、年月の経過が人々の心に残る憎悪や怨恨《えんこん》をうすれさせ、代って歴史への興味がきざしはじめたためか、関係者以外にも史実をたしかめようとする傾向があらわれはじめた。さらに維新後六十年、同じく戊辰《ぼしん》の年である昭和三年前後には、新選組研究の古典といわれる子母沢寛《しもざわかん》や平尾道雄の著作も刊行されて好評をよび、勇についても多くの読者に知られるようになった。

この現象は歴史のサイクルがひとまわりした時期にあらためて維新史を見直し、幕末維新の諸事件やその登場人物たちを、公平な立場で眺めようとする人々の意識を反映したものだが、その一時期をピークとして、近藤勇や新選組に関する研究も下火になった。皇国史観、勤王史観が支配的だった戦前においては、依然として勇を朝敵とする見かたがつよい。戦前の大衆小説や映画・演劇などで、勇が勤王派志士たちの敵役《かたきやく》として描かれているのもそのためであろう。

もっともそれらの作品の中で、勇はけっして悪者あつかいされているわけではなく、一個の人格を認められているケースもある。たとえば大佛《おさらぎ》次郎の『鞍馬天狗』に登場する近藤勇は、勤王浪士の鞍馬天狗と対等に勝負する相手であり、読者もその評価を受けいれている。そのあたりに新選組を無頼《ぶらい》の集団とみなす教科書的な意見とは違い、大衆の間の隠れた人気がうかがわれるようだ。

戦後の新選組ブームに乗って、近藤勇の像は大きく浮かび上った。新選組をあつかった小説、テレビドラマ、映画など、多くの作品が生まれ、その影響で熱心なファンが輩出し、彼らの手で史料の発掘や調査が行われると、新選組に関する著書や著作もつぎつぎに出され、それがまた人気をあおることになった。そして勇はその剣の実力や統率者としての能力を高く評価され、今では幕末期のヒーローの一人に数えられるようになった。

新選組ブームがおこったのは、戦前の皇国史観から解放され、歴史研究の自由な空気が生まれたことが大きく作用しているのはもちろんだが、ひとつには、敗戦の苦悩を経験した人々が、徳川家に殉じた隊士たちの心情に、共感を抱くようになったからではないか。そして世間一般のそうした理解と共感が戦後世代にも浸透し、悲壮美にあこがれる若者たちを刺戟したことも、大きな理由となったと思われる。

以上のように、近藤勇にたいする評価は、それぞれの時代の新選組観に従って変化してきたが、そのタテマエとは別に勇個人への同情や、すぐれた剣客だったという認識ないしは関心が、大衆の間に底流となって潜在してきたのではなかろうか。徳川幕府の崩壊をめぐる一連の歴史ドラマの中で、主要な登場人物の一人であり、敗者の側にたつ彼は、たしかに観客をひきつける要素をもっており、たとえ政治権力によって否定されても、そのことを多くの人が知っていた。こうした大衆の意識は明治以後おりにふれて露出されたが、その地下茎が根をはり、今日の花を咲かせたのである。

勇の刑死直後といった早い時期に、彼を支持する意見をはっきりと打ち出したものに、次のような「中外新聞」の記事があるという。

「近藤勇は其性剛邁《そのせいごうまい》にして、殊に文武の道に長じ、曾《かつ》て有志の諸士を募《つの》りて新撰組と号し、自ら其隊長となり、勤王佐幕の志を以て四方に奔走せしが、此度《このたび》、不計《はからずも》王師に抗するの罪によりて、下総流山《ながれやま》辺にて官軍の為に捕はれ、四月二十五日板橋に於て死刑に処せられたり、実に惜しむべし」

これは処刑理由を述べた高札の文面を紹介したあとに付されたものらしいが、当時の世論の一端をしめした文章として興味ぶかい。さらに慶応四年六月六日付の同紙では、勇の首が三条河原で晒《さら》されたことを報じて、「行の是非は論ぜず、其勇に至りては、惜む可き壮士なりと言はざる者なし」と、称賛の言葉さえ載せている。

「中外新聞」は幕末の洋学者である旧幕臣の柳河春三《しゅんさん》が慶応四年二月に創刊した日本最初の近代的新聞であり、明治新政府の権力もまだそれほど強化されていない時期だけに、このような主張が新聞紙上に発表されても不思議ではない。そしてこの記事に共感し、勇の死を惜しむ者も決して少なくなかったと思われる。さらにそうした人々の気持は、それを公然と表明することができ難くなってからも、失われずに伝わってゆき、いつか勇にたいする隠れた人気が形成されたのではないだろうか。

よく知られる話だが、明治後期に、顕官《けんかん》の一人であった田中光顕が勇の建白書を読んで、彼は立場こそ違え、われわれと同じ勤王思想の持ち主であったと、婿養子の近藤勇五郎に語ったということを、平尾道雄が『新撰組史録』に述べている。このエピソードをもふくめて勇の像は、おかみのはったレッテルに関係なく、大衆の歴史的、人間的興味の中に立場や時代をこえて生き続けたのだ。そのあたりに近藤勇の魅力が感じられるが、その何割かは剣客としての魅力であろうか。

多摩の風土

近藤勇は天保五年（一八三四）十月九日に武州多摩郡上石原宿の農家、宮川久次郎の三男として生まれた。甲州街道を西へ四里（一六キロ弱）ほど行ったあたりに、国領、下布田、上布田、下石原、上石原のいわゆる布田《ふだ》五宿があり、武蔵野の自然の間に点在するささやかな宿場町だが、上石原には旅籠《はたご》が四軒あって、その中ではトップだったといわれる。父の久次郎は若いときから勤勉で家業に励んだこともあって、近在でも富有な農家の一つであり、村の支配層に属していた。

上石原辻の生家は現在、調布市にふくまれ、同市の西北部が三鷹市の方へ細長くのびたあたりだが、当時は周囲に欅《けやき》の大樹がそびえ、その枝でフクロウが鳴いたり、霜夜には不気味な狐の鳴き声も聞こえたらしい。昭和十年代まではそのままに残っていたが、調布飛行場の建設で壊されたという。

勝太と名づけられた彼は、兄の音五郎や粂次郎とともに、その環境の中で育ってゆく。学問好きで、中でも軍書を好んだ父親は、雨の日や夜のひとときなど息子たちに『三国志』や『水滸伝』をはじめ、さまざまな英雄たちの物語を読み聞かせた。その父の膝に抱かれながら幼い勝太は話に聞きほれ、精忠壮烈な関羽《かんう》の事蹟にひきつけられて、「関羽はまだ生きているの」と何度もたずねたそうだ。

久次郎はまた武芸にも深い関心をもち、資産ができると宅地内に道場をつくり、剣術の師を招いて稽古に打ちこんだ。子どもの勝太もそれを真似し、かわいい面や籠手《こて》をつけ、おもちゃの竹刀《しない》をふりまわす。道場から聞こえる竹刀のひびき、父が軍書を朗読する声。それらになじんで育った勝太は、男の子らしく元気にあふれ、外へ出るとたちまち腕白坊主ぶりを発揮する。

五歳のときに母のエイが亡くなったこともあって、父はこの末っ子をひときわ可愛がったようで、あまり叱ったりしなかったらしい。樹に登って、下を通る人にオシッコをかけたり、喧嘩すれば年上の子でも泣かしてしまうといったありさまで、しまいには宮川の暴《あば》れ者として村の子どもたちから敬遠されてしまった。

ときにはこのガキ大将をこらしめてやろうと、若者の一人が彼をつかまえ、さんざんに痛めつけたが、彼は涙一滴こぼさず、痛さをこらえている。あまり剛情なので、相手の方があきれてやめたという話もある。だが暴れん坊ではあっても、年下の子をいじめたりはせず、そんな彼の性格を、父も、亡くなった母も認めて、自由にさせていたのであろう。すでに子どもの頃から、武勇伝の英雄のような強い武士になりたいという意識が彼の心に根ざしていたと思われる。

このように物ごころつく頃から彼が剣を好んだのは、単に父親の影響というより、その父をもふくめて、多摩の気風の反映であった。流浪の浪人や無宿者、飢饉《ききん》のために生活に窮した者たちが、富有な家をねらって物乞いや掠奪などの暴行を働くケースは少なくなく、そうした事態に備えて農山村の名主や有力者が武芸を重んじる傾向は、江戸期の多摩だけではない。富有な農家や地主が旅まわりの武芸者を屋敷に泊めて、家人とともに村の若者たちも武芸を学ぶといった現象が各地で見られたが、多摩地方ではとくにその傾向がつよかった。江戸に近く、天領の住民だという意識がその底にあったかもしれないが、八王子千人同心の影響も大きかったといえる。

徳川家康は江戸城の守りを固めるため、入府後まもなく周辺の各地に警備隊を配置したが、中でも甲・武国境の八王子は軍事的要衝《ようしょう》であるだけに、勇猛な国境警備軍の前歴をもつ武田遺臣九名を小人頭《こびとがしら》とし、それに同心五百名をつけてこの地に駐屯させた。その後、頭は十人となり、関ヶ原戦に際して同心を各組百人にふやしたため、八王子千人同心とよばれるようになる。武田家の下級武士の流れを汲む者が多かったが、在地武士や富農層も加わっており、槍奉行の支配に属し、槍をもって徳川家に仕えたので長柄《ながえ》同心とも称された。

彼らは平時には一組ずつ交替で日光山の火消役を勤めることを職務としたが、それ以外は農業に従ったため、徳川の体制下で次第に土着化し、八王子や周辺の農村に住みついた。そして農民同様の生活を送ったものの、その合間には武術の修練を怠らなかったのである。

多摩郡の名主や中・富農層はこの千人同心と接触する機会が多く、縁組や同心株の売買なども行われて人事的な交流があったため、それに刺戟されて農民の間にも武芸熱がひろまったのであろう。しかも単に武芸を好むだけでなく、一朝《いっちょう》事あるときは槍をもって戦うといった屯田《とんでん》的気風もまた、多摩一帯の中・富農層の中に浸透した。このような多摩の気風の中で生い育っただけに、勝太少年の精神形成にそれが色濃く投影したのも当然であった。

当時、八王子千人同心をはじめ、多摩の中・富農たちが主として学んだ剣の流派は天然理心流だった。江戸の牛込柳町に道場をもつ近藤周助は天然理心流の三代宗家だが、多摩地方に出稽古に行くことが多く、むしろそれに主力をおいていた。日野宿の名主である佐藤彦五郎や小野路《おのじ》（現在は町田市小野路町）の小島為政が、周助の門人となっていることでもわかるように、三流道場主だった周助の剣名は、江戸より多摩地方でひろく知られ、屋敷に招いて学ぶ者が多かった。勝太の父、宮川久次郎もその一人で、熱心な弟子であったので、周助も足しげく通い、ときには何日か滞在して、久次郎やその息子たちに教えたに違いない。そして嘉永元年（一八四八）十一月十一日、十五歳になった勝太は、兄の音五郎や粂次郎とともに正式に入門を許され、神文血判張に署名、血判して、近藤道場の門人となったのである。

天然理心流

天然理心流は遠州出身の近藤内蔵助長裕が寛政（一七八九〜一八〇一年）頃に創始したといわれている。内蔵助は天真正伝香取神道流を開いた飯篠長威斎《いいざさちょういさい》の末裔《まつえい》と称しており、この古武道を学んだ後に諸流の長所をとり入れて天然理心流という一派を興《おこ》した。だが江戸薬研堀《やげんぼり》に道場を持ったものの、既成の諸流派に割りこむことは難しかったためか、多摩や相模の各地へ出かけて門弟を集めたらしい。文化四年（一八〇七）に没し、その墓は東京都江東区北砂町の妙久寺ほか二か所にある。

二代目を継いだ近藤三助方昌《のりゆき》は、武州多摩郡戸吹村（現・八王子市戸吹町）の名主、坂本戸右衛門の長男で安永三年（一七七四）の生まれ、内蔵助の高弟であり、その腕は師をしのぐとさえ評された。内蔵助は死の間際に三助をよび、後事を托すとともに、天然理心流の奥義を授けたという。その後、三助が鉄砲の名人である弟と試合したとき、三助は真剣を正眼に構え、弟は鉄砲に実弾をこめて兄と向かいあった。三助がするどい気合をかけた瞬間、弟の視界から兄の姿が消え、刀身だけが光って、今にも迫りそうになる。数秒後に弟の全身から汗が吹き出し、鉄砲を握る力さえ失って、兄に降参したと伝えられる。

これは気合術の一種であり、この術をかけられた相手は硬直状態となり、身動きできなくなるといい、手を下さなくても気合によって相手の気力を奪ってしまうものだったようだ。内蔵助が三助に伝授したこの秘伝の術は、文政二年（一八一九）に三助が急死したため、二代で絶えた。

天然理心流は剣術の一派ではあるが、ほかに柔術、棒術、気合術をも含む総合武術であり、剣と柔の両道を合体して構成したものだけに、つねに真剣勝負を想定した実用的な剣法であった。初代内蔵助は、自然に逆らわず、天に象《かた》どり、地に法《のっ》とり、もって剣理を究《きわ》めるということから「天然理心流」と命名したが、誰でも入門でき、安全に学び、実践に役立つといった特長があった。他流で流行した突技《つきわざ》や入身《いりみ》の技は、未熟者には危険だからとの理由で教えなかったあたりにも、それが理解されよう。

多摩郡小山《おやま》村（現・町田市小山町）の名主、島崎休右衛門の五男で、二十歳のとき三助に入門した周助邦武が、近藤家の三代目を名乗ったのは、三助の死から十二年目である。その間の空白は門弟の間に跡目相続をめぐる争いがあったためだと推測されるが、襲名したものの小山村の道場で十年を過ごした後に、周助はふたたび江戸進出を果し、牛込柳町に試衛館《しえいかん》道場を開いた。二代三助は天然理心流の普及につとめ、武芸の腕では頂点に達したが、新しい地域を開拓して、門弟の数をふやし、江戸にも入門者をもつようにしたのは周助だった。しかし、この流派をささえる地盤は依然として多摩地方であり、多摩の中・富農層の支持によって、三代目宗家としての周助の地位が安定したといってよい。

多摩地方に天然理心流がひろまったのは、初代以来の努力の結果だが、ひとつには実用的なこの剣法が、農民たちの受け入れやすい要素をもっていたからであろう。しかもそれが多摩の気風と結びつき、後には時代の変化に従って、単にわが家を守ることから、徳川家を守るための武器として武芸を役立てたいという意識に変わってゆく。

だが多摩の富農層には、武芸熱ばかりでなく、好学の気風もうかがわれる。漢文や詩文、俳諧などを学ぶ者も多く、韶斎《しようさい》と号した小島為政のように、漢学や儒学にふかい素養をもつ人物もいた。勇の父が学問好きだったことはすでにふれたが、彼も神田昌平橋《しようへいばし》近くに住む溝口誠斎やこの小島為政について漢学をおさめ、後には『日本外史』を愛読していたといわれる。名主や豪農など、農村の支配層は、それにふさわしい教養を身につける努力をしたし、財力もゆたかで、その地方のエリートとして文化の振興をはかったが、彼も成長するにつれてそうした自覚をふかめたと思われる。

近藤周助の門人となってから、勝太の剣の腕は急速に進歩したらしい。わずか八か月で目録を与えられたのは、もともと素質があった上に、熱心に稽古したからだろう。周助の直門ではないが、同じ天然理心流を学んだ他の者の例では、入門から目録まで平均して三年余りだというから、その四分の一の早さである。しかも技だけでなく、彼の智恵や判断力を証明する事件がまもなくおこった。

ある夜、父の留守中に数人の賊が忍びこんだ。腕に自信のある兄の粂次郎が刀をつかんで跳び出そうとすると、勝太はそれをおさえた。

「奴らは忍びこんだばかりで気が立っているから今はまずい。立ち退《の》くときには油断するはずだから、その隙にやっつける方がいい」

粂次郎もなるほどと思い、二人で様子をうかがった。しばらくして賊は盗んだ品々を持って出てゆく様子。「今だ！」とばかり、「曲者《くせもの》、待て！」と斬りかかると、驚いた賊たちは、荷物をほうり出して逃げてゆく。跡を追おうとする兄を制して、勝太はさらに言った。

「窮鼠《きゅうそ》猫を嚙むのたとえもある。深追いすると危険だし、品物ももどったのだから、ここは見逃してやったら」

それで粂次郎も引きあげたのだが、後日、このできごとを聞いた周助は、勝太の少年ながら沈着な態度にすっかり感心したという。老境に近づいていた周助は、子どもが無かったため、かねてよい跡とりをと探しており、勝太にも注目していたので、以後この少年こそと思い決し、宮川家に懇望した。その申しこみを久次郎はじめ親族一同も喜んで承諾した結果、嘉永二年（一八四九）秋、彼は周助の養子となる。彼が師の旧姓を襲《おそ》って島崎勝太を名乗り、江戸の道場へ移ったのは十六歳のときであり、剣客としての生涯もここからはじまることになる。

試衛館道場の日々

試衛館は小さな町道場ではあったが、若い勝太にとってはそこに新しい道が拓《ひら》かれたと思ったに違いない。養父の期待に応《こた》えようと、彼は稽古にはげみ、上達をかさねた。数年たつと彼は周助に代って多摩の各地にある道場を訪ねるようになる。六十歳を過ぎた周助は隠居を考えて勝太に代稽古をたのみ、彼は故郷に錦《にしき》を飾るような気持で出向いたのであろう。後に彼の有力な後援者となる日野宿の佐藤彦五郎や小野路村の小島鹿之助（為政）は、彼と同じ頃に近藤周助の門に入ったが、勝太がこの二人と義兄弟の契りを結ぶのもその頃だ。

土方歳三《ひじかたとしぞう》の義兄にあたる佐藤彦五郎は彼より七歳年上、小島鹿之助は四歳上だが、いずれも名主をつとめて世情に明るく、ひろく知識人との交際もあったため、彼は学問や思想の上で二人の兄弟子から多くのものを学んでいる。

勝太はやがて島崎勇と改名し、安政五年の仲秋に周助が日野の八坂神社に納めた天然理心流一門の奉額にその名が見られる。さらに周助は二年後の万延元年（一八六〇）九月に、府中の六所宮《ろくしよのみや》（現在の大国魂神社）に門人一統の名を連ねた大扁額《だいへんがく》を奉納したが、そのおりには周辺の主な名主たちが列席して神楽《かぐら》を奏し、型試合が披露された。彼はすでに免許皆伝を授けられ、姓も近藤に改めていたようだ。その布石の上に翌文久元年（一八六一）八月二十八日、天然理心流四代目襲名披露の野試合が盛大に催されるのだ。

場所は大扁額を掲げた府中六所宮の東方の広場。源平になぞらえた紅白の軍は、小山村の萩原糺以下三十五名が紅軍、佐藤彦五郎を大将とする三十五名が白軍、本陣十六名の中央に惣大将の近藤勇が位置し、司令と行司役を兼ねたという。後に新選組の中核となった試衛館道場の門人たち——沖田総司《おきたそうし》、土方歳三、井上源三郎、山南敬助《やまなみけいすけ》らもこの試合に加わっている。三回戦とも紅白入り乱れての乱戦が続き、二対一で白軍の勝利に終ったそうだが、こうして天然理心流四代目師範としての近藤勇の地位が確立されたわけである。

このとき勇は二十七歳だが、その前年、彼は松井八十五郎の長女ツネを妻に迎えている。それまでいくつも縁談があったのにまとまらず、ツネを選んだ理由として勇は、前の女はいずれも美人ではあったが、思い上った態度が見てとれた、美しい女より謙虚さのある女性の方が好ましいので彼女をめとることにしたと述べたという。結婚が遅れたのは経済的な事情もあったようだが、しかし美人よりも謙虚で、養父に孝養をつくす妻を望んだところに、彼の堅実な性格がうかがわれる。

勇の結婚より数年前から試衛館は入門者がふえ、手狭になったため、道場は小石川小日向に移ったらしい。嘉永六年（一八五三）のペリー来航によって泰平の夢を破られた人々は、不安に襲われ、武士ばかりでなく町人までも武器を求め、剣術を身につけようとしたが、入門者の激増もその影響だった。試衛館はそれ以前から沖田総司や土方歳三、永倉新八などかなりの門人や食客《しょっかく》をかかえ、出入りする者も多かったようで、千葉周作の玄武館、斎藤弥九郎の練兵館、桃井春蔵《もものいしゅんぞう》の士学館などの三大道場に比べて、格は落ちるものの、活況を呈していたと思われるから、それがさらにふくれたのであろう。沖田や土方が勇の代りに多摩へ出稽古にゆくようになったのも、江戸の道場が結構忙しかったことを裏づける。

「勇は、道場へ出ての立会《たちあい》には、定《き》まって下星眼《げせいがん》をとった。少し反《そ》り加減で、腹をぐっと出した構えである。決して名人ではなかったが、こせこせとした小業《こわざ》のない、がっしりした手堅い剣法であった。ぴーんと、うまく小手へ入ると、大概の相手は竹刀を取落した」

「勇は他流試合の浪人などは、殊に手厚くもてなして帰した。中には無作法なものもやって来たが、いつもにこにこして腹を立てる様子もなかった。剣術としては大したものではなかったが、その度胸《どきょう》っ骨《ぼね》の座ったことには、誰も彼も一目おいた」

子母沢寛の『新選組始末記』に日野の佐藤俊宣翁談として書かれているこれらの話は、道場主としての勇の姿を思い浮かばせる。

黒船騒ぎとそれにつづく諸外国との貿易開始は攘夷論者を刺戟し、この数年、尊王攘夷運動はたかまり、文久年間に入って尊攘派志士たちの行動も活発化した。その対策に手を焼いていた幕府が、秘めた目的をもつ清河八郎の献策を受け入れ、浪士募集案を実行に移したのも、内外の緊迫した状況に対応するこころみであった。

庄内浪士の清河八郎は、尊攘派のリーダー格として、幕吏に追われながらも全国をまわり、運動を続けてきたが、幕府の力で浪士隊を結成し、それを尊攘行動に役立てようと考えたのだ。文久二年（一八六二）十二月に浪士の募集が決議され、公表されると、それを聞いた近藤勇をはじめ試衛館の一党は、わが道場の名をたかめる絶好の機会とばかり、取扱役だった松平上総介《かずさのすけ》を訪ねてその内容をたしかめた。そして近く上洛する将軍家茂《いえもち》の護衛役として京都守護にあたるのだと言われ、参加を決意したのだった。

文久三年一月、土方とともに小島家を訪れた勇が上洛を打ち明け、後事をたのむと、小島は勇に鎖着込《くさりきこみ》一領を贈り、詩をよんで激励したという。時代思潮である攘夷思想を抱いていた勇にとって、国難に際し剣の道を役立てたいという思いはつよく、小島とも相通じる心境をもっていたと推察される。

こうして二月四日、勇以下、土方歳三、沖田総司、井上源三郎、山南敬助、永倉新八、藤堂平助ら計十一人の試衛館メンバーは、小石川伝通院に集まった多数の応募者の中に加わった。その場で浪士隊が結成され、八日には京へ向って出立するが、二百三十五名の隊員中に、平隊士として黙々と歩む勇の姿も見られるのだ。

新選組の誕生

中山道を通って京へ向う道中、勇の脳裡を去来した思いは何だったろうか。小島鹿之助や佐藤彦五郎がいるからには道場のことは心配ないとしても、年老いた養父や結婚後まもない妻と、生後一年たらずの女児たまについては、やはり気にかかったに違いない。だがそれよりも清河八郎の意図を彼はすでに見抜いており、ひそかに注目していたふしがある。後に清河が佐々木唯三郎《たださぶろう》らに殺された報を聞き、勇が京から佐藤、小島らに宛てた手紙に、清河は自分と違う意見を持っていることを道中で知り、京で打ち果すつもりだったと述べているのは興味をひく。彼の神経にふれるものがあったのか、あるいは誰からか耳打ちされていたのだろうか。

また芹沢鴨《せりざわかも》の横暴をもひそかに憎み、表面は耐えながら、心中、その対応を考えていたのではないだろうか。だが何事もなく一行は京に着き、洛外の壬生《みぶ》村に分宿した。勇ら試衛館グループは八木源之丞方に泊り、芹沢鴨の一派も同じ宿に入る。清河がかねてからの思惑どおり、尊王攘夷を宣言して朝廷に建白書を提出したため、浪士隊に帰東の命が下り、その残留組によって新選組が誕生する経過はよく知られている。

東下に反対して京に残った十三名が、京都守護職・松平容保《かたもり》に差し出した嘆願書には、将軍警衛のために上洛したからには、その下向を待って目的を果したいと、熱意をこめて述べた文章がみられるが、そこには勇の真情がこめられている。その結果、近藤勇、芹沢鴨らの残留組は、京都守護職御預りという立場を明確にしたのだが、勇が清河らと袂《たもと》を分《わか》って残留を決意した裏には、事前に松平容保と話しあい、その意を受けて動いたともいわれている。

前年の暮、京都守護職に就任し、会津から家臣を率《ひき》いて京に入った松平容保は、尊攘派浪士の横行する京の治安を守るために、浪士組の中でもつよい忠誠心をもつ勇を起用して、その任にあたらせようと考えたに違いない。そして攘夷よりも、今は徳川家のために挺身してほしいと説き、朝廷を煽動し、暴行を働く者たちを除いてほしいという内意を伝えたのであろう。勇も感激してその言葉を聞き、「奸物誅戮《ちゆうりく》」の剣をふるう決意をかためたと思われる。

勇たち残留グループは、こうして守護職直属の一部隊となるが、彼らの嘆願書が容易に受理されたことからみて、これはあり得た事実であろう。勇は三月二十三日付で佐藤彦五郎に宛てて経過報告を書き送り、会津公はわれわれの赤心報国を認め、奸人ども（尊攘派浪士）の暗殺をも示唆されたので、決死の覚悟で事にあたりたいとの意を述べている。そして天命は短いかもしれないが、万一、京で命を捨てた場合は、養父の面倒をよろしくたのむと、孝心をしめしている。この手紙からも尊攘派浪士の斬殺という新選組に与えられた任務と目的がうかがわれるが、一方、旗本八万騎には「男子無しと存じ奉り候」と、祖先以来の武士たちより、自分たちの方が真に役立つ存在であるといった自信と抱負を語っている。

「誠」の一字を染め抜いた新選組の隊旗は、勇の信念のあらわれとみられ、また芝居でみる赤穂浪士の討入りの際の装束を真似した隊服には、勇の美意識が感じられる。だがそれ以上に隊規として設けられた「局中法度書《きょくちゅうはっとがき》」には、勇のきびしい意志がもりこまれていた。

一、士道に背ク（キ）間敷事《マジキコト》
一、局ヲ脱スルヲ許サズ
一、勝手ニ金策致スベカラズ
一、勝手ニ訴訟取扱ウベカラズ
一、私ノ闘争ヲ許サズ

この五条は京坂地方の浪士を募り、人数のふえた隊を統率する上で必要な規約であったが、第一条で士道を強調し、さらに「右条ニ相背キ候者ハ切腹申シ付ベキ候ナリ」と、厳罰主義を明記したところに特色が見られる。武士らしい武士を理想としていた勇は、罪を犯した場合、死によって恥をすすぐことを名誉とする認識があった。その後、この隊規にもとづいて新選組の血の粛清があいつぐのだが、これは彼の非情な性格に由来するものではなく、組織が一体になって敵と闘い、難局を打開せねばならないときに、統率を乱す行動は許せないといった緊張感のあらわれにほかならない。

新選組ははじめのうち、壬生《みぶ》浪士隊、つまり「みぶろ」とよばれていたが、文久三年八月十八日の政変に際して出動して以来、正式にその隊名を用いるようになったといわれる。隊旗を押し立てて、堂々と隊伍を組んで出陣した彼らの様子を書きとめた会津藩士鈴木丹下は、その『騒擾日記』の中で、「近藤勇と云ふ者は智勇兼備《かねそな》はり何事の掛合に及び候ても滞《とどこお》りなく返答致し候者の由……」と、勇の人物を高く評価している。

勇は隊の組織を強化するには、夾雑物を排し、試衛館グループを中心に団結する必要があると、早くから考えていたと思われる。しかし慎重にふるまい、最初から肌の合わなかった芹沢鴨らにたいしても、一応敬意を表していたらしい。だが芹沢の傲慢な態度や乱暴な言動が次第に目に余るようになると、そのままにしてはおられず、粛清の刃を加えることになる。

勇らはまず芹沢の片腕だった新見錦《にいみにしき》を、隊規違反の理由で切腹させ、さらに九月十八日夜、島原で泥酔して屯所の八木邸へもどり、寝こんだ芹沢を襲って刺殺した。妾のお梅や腹心の平山五郎も殺され、平間重助はからくも逃れた。もっとも勇は芹沢襲撃に直接参加せず、報告を聞いて駆けつけ遺体を検《あらた》めた。そして翌朝芹沢が就寝中に賊に襲われ、不慮の死をとげたと京都守護職へ届け出、またつぎの日には新選組の名で盛大な葬儀をあげた。そのおり勇は隊を代表して弔詞を読んだのだから、とぼけた役者ぶりである。

芹沢の粛清は勇個人の意思によるのではなく、会津藩としめしあわせた行動であり、そこに守護職の勇への肩入れをよむことができる。後に芹沢派の残りの一人、野口健司も詰腹を切らされ、その結果、芹沢グループはすべて一掃されたのである。

池田屋襲撃

八月十八日の政変で公武合体派のクーデターが成功し、長州の尊攘派勢力が京から退いた後、残った志士たちはなおも潜伏してゲリラ活動を行っていた。彼らは名や姿を変え、連絡をとりあって勢力挽回《ばんかい》を策したが、町奉行所の配下とともに、その志士たちの探索にあたり、手ごわい相手として恐れられたのが新選組だった。長州側のスパイ四人を槍玉にあげる一方、新選組から送りこんだスパイも殺されるなど、両派の応酬もさかんだが、勇たちが何より力を注いだのは大物志士たちの発見であり、その中でおこったのが池田屋事件である。八月の政変のおりの初陣では、人目をひいたわりにはたいして実績のなかった新選組は、この事件で、洛中に一躍その名をとどろかせた。

古道具屋の桝屋《ますや》に化けていた古高俊《ふるたかしゅん》太郎《たろう》を逮捕し、拷問によって口を割らせた結果、重大な陰謀を知った新選組は、守護職と所司代に報告し、派兵を要請すると、それを待たずに行動に移った。元治元年（一八六四）六月五日夜九時過ぎ、祇園祭《ぎおんまつ》りの宵宮《よいみや》で、町は人出で賑わっている。勇は隊士を二分して、尊攘派が会合を持っていそうな料亭や旅籠《はたご》を点検することにした。勇をはじめ沖田、永倉など七人は祭囃子《まつりばやし》を聞きながら、人並を縫ってゆく。当りをつけていた三条小橋西の旅籠、池田屋の前まで来て、勇は足をとめた。ほかに二十人ほどを土方が率いて他の家へ向っている。

「御用改めであるぞ」

と声をかけ、出てきた主人の顔色を見て、「ここだ！」とさとった勇は、後に続く沖田らに目くばせするや否や、二階への梯子《はしご》段を駆け上った。すでに愛刀虎徹《こてつ》の鞘《さや》を払っている。

物音を聞いて降りかけた男が、驚いて引き返そうとしたのを、勇は背後から一刀のもとに斬り下した。討議を終え、酒宴に移っていたらしい二階の男たちは、一人が倒れると一斉に立ち上った。討ち入る予定だった新選組から逆に急襲されたのだから、彼らがあわてたのも無理はない。予想よりはるかに多いその人数を見て、勇も一瞬ためらったかもしれないが、一同とともにその中へ飛びこみ、たちまち乱闘の渦がいくつもおこる。

階下へ向かおうとする者、窓をあけてとび出そうとする者、その一人一人を見定めるゆとりもなく、数人を相手に暗闇の中でひしめきあいながら血刀をふるう。尊攘派は多数であり、一時の混乱から立ち直ると必死の防戦につとめ、押され気味になったところへ、四国屋へ行っていた土方の一手が駆けつけ、さらに凄絶《せいぜつ》な戦いが続いた。その間、勇の斬り合う姿を直接には見なかったが、ときどき物凄《ものすご》い気合が聞え、えッおうッという甲高い声がビンビン響いて、百万の味方にも優《まさ》ったと、戦闘に参加した谷三十郎が後に語っている。二時間にわたる激闘で尊攘派の死者は北添佶磨《きたぞえきつま》、宮部鼎三《みやべていぞう》、吉田稔麿《としまろ》ほか多数、中には自決した者や負傷後死亡した者もあり、また捕縛者も二十三名にのぼる。一方、新選組の側でも戦いの最中に沖田が喀血《かっけつ》して倒れ、永倉は左の親指の肉をそぎ落され、藤堂は重傷を負ったが、勇とその養子周平は無事であった。守護職や所司代からの派兵が到着したのは、斬り込みが一段落した後であり、その方にも死傷者が出ている。だが明治維新の到来が一年遅れたといわれるこの大事件は、ほとんど新選組の活躍篇であり、翌朝、負傷した隊士たちを守り、返り血にまみれて引揚げた勇の姿は、おしかけた見物たちの目をひいたに違いない。

事件後、新選組にたいし、朝廷から金百両の慰労金を賜わり、幕府は松平容保にあてて感状を出した。守護職は手負いの隊士への見舞金五十両ずつ、一同に五百両、隊長の勇には三善《みよし》長道（会津のお国鍛冶）一振《ひとふり》、酒一樽を贈っている。隊士たちが喜んで島原へ繰り出し、毎晩のように大騒ぎしたというのも肯《うなず》ける。

池田屋襲撃の模様は、勇が、隠居後、周斎と改名した養父など六名に送った手紙にくわしく描かれている。

「……永倉新八の刀は折れ、沖田総司の刀の帽子（鋩子《ぼうし》＝切先の焼刃）折れ、藤堂平助刀は刃切り出しささらの如く、倅《せがれ》周平は槍を斬折られ、下拙《げせつ》刀は、虎徹《こてつ》故に哉《や》、無事に御座候。追々土方歳三勢駈けつけ、それより召捕申候。実に是まで、度々戦ひ候へども、二合と戦ひ候者は稀に覚え候。今度の敵、多勢とは申しながら、いづれも万夫の勇士、まことに危き命を助かり申候。まづは御安心くださるべく候」

敵ながら相手の勇気を讃えているあたりに、勇の人柄がしのばれるが、同じ手紙の中で守護職からの御褒美にふれて、「この段、御吹聴申しあげ候」と書いているのは、その飾り気のない言葉がほほえましい。

また勇の活躍とともに有名になった虎徹の刀については、その入手経路や真偽をめぐって、種々の論議がなされている。虎徹は実戦向きに仕上げた新刀であり、勘定奉行兼外国奉行を勤めた水野痴雲の記録では、五十両前後、よいものはもっとしたという。勇が刀商から無銘の虎徹を買わされ、後にその刀商が正銘の一振りを持参して交換してほしいといったところ、笑いながら、古女房にはその良さがあるものだと言った話などおもしろい。

勇の虎徹は、有銘説、無銘説、山浦清麿の刀とする偽銘説などがあり、出所もさまざまだが、その後の行方は不明で、天然理心流にゆかりのふかい六所明神（現在の大国魂神社）に彼の愛刀虎徹がある時期、所蔵されていたようだが、現在はわからないという。虎徹のほかに勇の佩刀《はいとう》として記録類に載っているのは、佐藤家伝の宗貞、前記の三善長道、書状にある虎徹の大小、そして流泉小史『剣豪秘話』に出てくる備前長船直光《びぜんおさふねなおみつ》、陀羅尼勝国《だらにかつくに》、法華一乗《ほっけいちじょう》などがあげられるが、やはりほとんど行方不明だという。

新選組再編制

池田屋事件の後も新選組はひき続いて市中の長州勢掃討にあたり、鬼局長・近藤勇の名は内外に知れ渡った。その彼をめぐる女性たちの中では、島原の深雪太夫《みゆきたゆう》がよく知られている。血気さかんな隊士たちは酒と女をもとめ、女性がもとでおこったトラブルも続発し、そのために死んだ者も少なくない。勇は彼らが女に溺れるのをきびしく取締ったが、うるさく干渉したわけではなかった。経済的に恵まれていた幹部クラスの者には、妾宅を設け、「休息所」と称して寝泊りし、朝はそこから屯所に出勤するといったケースもみられた。

勇も木津屋の太夫だった深雪を、七条通り醒ヶ井《さめがい》木津屋橋下ルの妾宅に囲っている。

彼女は二十三、四歳、背のすらりと高い美人だった。勇はたびたび木津屋に通って身請けし、妾宅においたが、一緒に住みこんだ彼女の妹のお幸にも手をつけ、お勇という女の子を生ませたという。このお幸はもと大坂新町で御幸《ごこう》太夫であり、勇はおこう、おこうとよんでかわいがったという話も残っている。

深雪太夫については明治四十年代のはじめに新聞記者出身の作家だった鹿島淑男(桜

巻）が、車中で偶然、晩年の深雪に出会い、その打明け話を聞いたと著作の中で述べている。だがそれが事実かどうかはわからない。勇の女はほかにも何人かおり、同じ木津屋の金太夫にも通い、所司代大部屋の部屋頭の娘で、植野《うえの》といった芸妓は、身請けされて父のもとにいたという。当時は種々の会合に女性はつきものだっただろうから、気心の知れた女がいると便利だと植野を身請けしたのかもしれないし、それ以外にも勇が時に応じて多くの女性と交渉をもったことは推察される。

血なまぐさい争いや激務の合間に、勇は女のもとで疲れを癒《いや》すだけでなく、書物を読み、故郷の人々に手紙をしたためる時間を惜しまなかったようだ。その意味では勇は健康な精神の持ち主だったが、そのような彼が一年九か月ぶりで江戸の土を踏み、養父や妻子の顔をみるのは蛤《はまぐり》御門《ごもん》の変の後のことだ。

この事変は八月十八日政変で京から追われた長州藩が、その屈辱をそそごうとしておこった武力請願行動であり、同藩の失地回復をめざす動きが池田屋事件に刺戟され、藩をあげての武装上洛となったのだ。決戦を覚悟した長州勢を迎え、幕府側も勅許を得て在京の諸侯に動員令を発し、新選組にも出動命令が下った。

組頭が討死した場合は、部下もその場を離れずに討死するようにという一項をふくむ、きびしい「陣中法度」を出して従軍したものの、七月十九日の戦闘では新選組は活躍の場に恵まれなかった。四ッ塚から九条河原へ陣を移し、砲声を聞いて堺町門へ駆けつけたときは、すでに戦いは山を越していたからだ。だが二十一日には、天王山に立てこもった真木和泉《いずみ》らを会津勢とともに攻撃、全員自刃に追いこむなど、この事変では主として掃討戦で功をあげている。なお勇たちはその際、割腹自刃した人々をねんごろに弔《とむら》ったといわれる。

十月から十一月へかけて勇が江戸へ下ったのは、事変後、その責任を追及して朝廷から幕府に長州征討を命じ、将軍上洛を催促したものの、家茂が腰を上げないため、守護職の容保が使者を送り、将軍へ新書を届けたおり、それに同行したのである。勇も将軍家茂が一日も早く京へ来て、陣頭指揮にあたることを切望していたので容保にもそのことを再三申し入れた。

使者の補佐役として江戸へ行き、重臣たちに状況を説明し、将軍上洛の必要を説いてほしいと、容保からたのまれた勇は、任務の重要性を痛感しながら、早駕籠《はやかご》にゆられて東へ向った。そして江戸へ着くと、家族とゆっくり話しあう暇もなく、連日、家臣を訪問して説得につとめた。

勇の熱っぽい言葉に耳を傾ける者もあったが、実行についてはほとんど賛意を得られなかった。幕府の財政難が主な理由であり、ほかにもさまざまな思惑がからんでいたらしく、目的は果せそうもない。だが勇は、二年前には近寄ることもできなかった老中や重臣たちと面談し、彼らに向って説得している現在の自分を思うと、今さらながら感慨をおぼえずにはいられない。誇らかさを味わう反面で、勇は容保の真剣な表情を思い浮かべ、京の状勢を思いめぐらすのだった。

勇の江戸下向には、今ひとつ目的があった。隊士を補充し戦力を増強するために、この機会に兵員を募集したいと考えていたからだ。これまでの経験により、西国の武士は実戦には役立たないと感じ、兵は東国に限るという認識を勇は抱いていたのだ。この募集に応じて入隊したのが、深川佐賀町で道場を開いていた伊東甲子太郎《かしたろう》とその一派だった。伊東は常陸志筑《ひたちしづく》藩の脱藩者で、水戸へ出て神道無念流の剣を学び、江戸では北辰一刀流の伊東誠一郎道場へ入り、師の死後、遺言によって入婿となり、伊東姓を名乗った人物である。上洛してから大蔵を甲子太郎に改名した。国学や和歌にも通じ、尊攘論の立場をとっていたが、勇の抱く思想と矛盾しないと考えたのか、道場をたたみ、弟の鈴木三樹三郎《みきさぶろう》やその一党、計七名とともに京へ上り、新選組に加入した。

この前後には伊東一派のほかに多数の入隊者があった。それらを加えて新選組は慶応元年（一八六五）の初夏に第二次編制を行った。総長＝近藤勇、副長＝土方歳三、参謀＝伊東甲子太郎の三人を頭に、一番隊から十番隊までの組長を任命し、各隊に伍長二名、一班十名を従わせたこの編制変えは、フランス軍隊の方式を積極的に取り入れ、ピラミッド型に配置したもので、完全な戦闘集団としての体制を備えている。案を作ったのは土方かもしれないが、勇もこの構成に満足したに違いない。

新選組の落日

浪士隊に応募し、上洛して以来の同志だった山南敬助《やまなみけいすけ》が、脱退届をおいて隊を出奔したとき、勇は一瞬、ためらったのではなかろうか。だが厳正な隊規に例外を設けることは、彼自身の誇りを傷つけるものであり、許すわけにはゆかなかった。沖田に連れもどされた山南は、弁明も抗議もせず、みごとに腹を切ったのである。

伊東甲子太郎との対立は、新選組の歴史の中で最大の分派闘争であろう。伊東は勇がその入隊を歓迎した人物だっただけに、種々の経緯の後に分離を宣言されたことは、勇にとって唇をかむ思いだった。慶応元年（一八六五）十一月と翌年の正月の二度にわたって、幕府が長州藩への訊問使を広島へ派遣したおり、長州の内情を探る目的で勇と伊東は随行したが、その旅でひそかに開戦準備をすすめている長州の動きにふれて、勇は危機感をふかめ、彼の論拠である公武合体の立場をよりつよく意識した。伊東はそこから逆に時代の動きを感じとり、反幕的方向へ傾斜したのだった。

第二次征長にふみきったものの幕軍は長州軍に敗退し、将軍家茂が没し、慶喜《よしのぶ》が十五代将軍に就任するといった急テンポな推移の中で、話し合いをかさねた末に、勇たちと決裂した伊東は孝明天皇の御陵衛士《えじ》を拝命し、一派とともに高台寺《こうだいじ》内へ移った。慶応三年（一八六七）六月十日には、新選組はそれまでの功により幕府の直参《じきさん》となるが、伊東らはそれを受けないうちに手を打ったわけだ。

新選組隊長近藤勇は見廻《みまわり》組小頭格、三百石に役料を加えて六百石、副長土方歳三は肝《き》煎《いり》格で七十俵五人扶持、以下、見廻組格、見廻組並などの資格を与えられ、こうして試衛館グループは彼らの夢だった幕臣の資格を得たのである。だが晴れて幕臣に列したとはいえ、すでに幕府には崩壊のときが迫っていた。

この年の十一月、伊東ら高台寺党が、近藤暗殺の計画を練っているとの情報を耳にした新選組では、機先を制して伊東を討つことにした。誘い出されたとは気づかず、招きに応じて勇の妾宅を訪れた伊東を、勇は何気なくもてなした。そして夜遅く酩酊して帰る道を数人で襲った上、その死体をおとりにして、駆けつける高台寺党の人々を待ちうけた。発足以来の同志だったが伊東グループに走った藤堂平助をふくむ三人がこのとき油小路で斬殺される。四つの死体はそのまま路上に放置されていたが、数日後、勇が葬ったという。また、高台寺党のうち、危地を逃れた四人はしばらく薩摩藩邸にかくまわれたが、以後、勇を敵視し、仇討ちの機会をねらい続けた。

幕府の権威が失墜した中で新選組隊長である勇の地位は飛躍的に向上していた。五か月ほど前の親藩会議にも列席して、堂々と自説を主張し、諸侯を前に公武合体派の立場を明快な論旨で述べている。すでに新選組は京都守護職配下の治安維持組織ではなく、幕府内部の政治集団としての性格をもっており、勇はその軍事組織を背景とする政客となっていた。そうした自信の裏づけをもって、勇は高台寺党を倒したのだった。だがその前後に歴史の一ページは大きくめくられる。

油小路の惨劇の直前に、将軍慶喜は大政を奉還、一月たたない十二月九日には王政復古の大号令が下った。慶喜は大坂城へ移り、新選組は京都守護職の廃止とともに新遊撃隊と改称された見廻組の傘下に入り、大坂へ下って伏見奉行所に駐屯した。勇が伏見街道の墨《すみ》染《ぞめ》で、高台寺党の残党に狙撃され、重傷を負ったのはその二日後だ。

勇は血があふれ出るのを意に介さず、鞍壺《くらつぼ》につかまったまま伏見奉行所の屯所まで馬を走らせ、降りるや否や叫びながら奥へ駆けこんだ。そして応急処置を受けると、大坂城へ送られる。銃弾は肩と胸の間に当ったという。隊士たちは新遊撃隊御雇の改称になじまず、一般でも新選組のままで通っていたが、勇の負傷を目にして一同顔色を変えたようだ。だがさっそく土方が局長代理をつとめ、勇は大坂奉行屋敷で療養することになる。

明けて慶応四年（九月から明治元年、一八六八）一月三日、鳥羽・伏見の戦いの幕が切って落とされる。その夕刻、鳥羽街道四ッ塚の関門を強行突破しようとした旧幕軍の一隊を、薩摩の守備隊が小枝橋付近で迎え撃ったのを機に戦端が開かれたが、この鳥羽口での戦いにおいてまず旧幕軍は敗れた。一方、伏見口で対峙していた両軍の間でも戦いがはじまり、新選組が本陣をおいていた伏見奉行所に薩長軍が突入した。

奮戦もむなしく戦況は旧幕軍の不利となり、新選組は京橋口に退き、抵抗しながらも淀方面へ退却し、五日には淀の千両松に布陣した。しかしそれも破られ、その間、多くの死傷者を出したあげく、旧幕軍の他の兵士たちとまじり、ばらばらになって大坂へと落ちのびた。

療養していた勇は、断片的に入るそれらの戦況を耳にしながら、じりじりしていたに違いない。一人一人の安否を気づかうよりも、わずか三日でもろくも崩れた旧幕府のあり方にたいし、むしろ憤りをおぼえたのではなかろうか。とくに六日の夜、慶喜が容保らとともに開陽丸に乗って、ひそかに大坂城を去り、江戸へもどったことを知ったときは、呆《あき》れながらも気落ちする思いだった。

養子の周平や同じ多摩出身の井上源三郎などをはじめ、二十数名の隊士も戦死した。さらにその後、死亡した者や逃亡する者もあり、残ったのは四十余名に過ぎない。まだ傷の癒《い》えない勇は、それらの人々と富士山丸に便乗し、海路、江戸へ向かった。だが彼にはまだ戦う気力が残っていたのである。

近藤勇の最期

彼らが江戸へ着いたのは一月十四日、品川の釜屋という旅籠《はたご》にひとまず落ちついたが、勇は神田和泉橋の医学所へ運ばれて松本良順の手当を受けた。しばらく治療を続けるうちに、二月に入ると傷口もふさがり、次第に肉も上ってきた。養父の周斎は勇の顔を見ずに亡くなったが、娘のたまはすっかり成長し、馴れると勇にむかって話しかけるようになってきた。二度と会えまいと思っていた妻子と過ごす時間はたのしかったが、それも長いことではなかった。

二月二十八日には新選組を主力とした甲陽鎮撫隊《こうようちんぶたい》が結成された。江戸城内では東征軍を迎えて徹底抗戦を主張する者と恭順派が対立してもめていたが、勇は抗戦派であった。寝ている間に、勇は甲府城を手に入れて、慶喜を迎え入れることができたら、と考えていた。大坂から持ち帰った軍用金も残っていたが、兵力が足りない。浅草弾左衛門《だんざえもん》の配下や八王子千人同心の一部などを加え、百数十人を率いて、三月一日、甲府城占拠に出発した。勇は大久保大和剛《やまとごう》を名乗り、その夜は内藤新宿で女郎屋を買い切って盛大な宴を催し、翌朝、甲州街道を西へ向かった。

勇はこれが成功したら隊長は十万石、副長は五万石、あとは百万石を皆でわけようなどと、夢のような話もしていたらしい。日野の佐藤家での歓迎がたいへんで、同行希望者があいつぎ、彦五郎を隊長とした春日隊も結成される。そうした途中のごたごたで行軍は遅れ、甲陽鎮撫隊が雪の笹子《ささご》峠を越えて勝沼まで来たときには、甲府城はすでに東征軍に占領されていた。

勇は柏尾山大善寺に布陣して東征軍と戦ったが、逃亡者も続出して、結果は無惨な敗北に終る。敗走する途中、勇は今後の方針を考え、八王子で一応隊を解散した。本所二つ目の大久保主膳正の邸で落ち合おうと約束したのは、まだ先の見透しが立っていなかったのか、それとも勇なりの腹案があったのか。杉並の玉野家に二日ほど潜んでいた勇が大久保邸へ行ってみると、待ちくたびれた永倉らは、自分たちだけで案を立てており、その言葉のゆき違いから勇は彼らと別れてしまう。

その後、流山へ行くまでの勇の足どりは、長い間、判明しなかったが、足立郡五兵衛新田（現・綾瀬）の金子家に半月ほど逗留していたことが、昭和五十年春、同家で発見された古文書によって明るみに出た。しかもそれまでは敗残の身で転々としていたように思われていた勇が、そこで多くの兵を集め、新選組の再建を図っていた事実も裏づけられた。

その頃、旧幕軍の脱走兵たちの間に関東の各地に集結して、東征軍を迎え、反攻のための一戦を交えようとする動きがあったらしい。上野の彰義隊などもそのひとつで、会津藩士の中にも相互の連絡をとりながら、いくつかの拠点を確保するための布石づくりを手がける者がいたことは想像される。勇が五兵衛新田に足をとめたのにつづいて、甲州へ向かったとき以上の旧幕兵が金子家に集まったというから、勇も積極的に人員を募ったのではなかろうか。

勇はその間に旧幕軍の陸軍奉行並だった松平太郎などと連絡し、指示を待っていたふしもある。兵たちに野外訓練などをやらせながら、作戦を練っていたのかもしれない。だが香川敬三を隊長とする東山道先鋒軍の斥候《せっこう》隊が、板橋から千住へ進出してきたという情報に接して、それを避けるため、四月一日、五兵衛新田から流山へ陣を移した。流山は舟による交通の便利な土地でもあり、彼らが占拠したいと考えていた田中藩の陣屋もあった。

だが連絡の手違いでもあったのか、その計画は成功せず、酒造家の長岡屋をはじめ、いくつかの家に分宿した。二日後、流山によくわからない多数の兵がいると聞きこみ、様子を見に来た薩摩藩の東山道軍副参謀・有馬藤太らが、勇たちを発見した。ドキッとしたが勇は落着いて応対した。

「幕臣の大久保大和だ。旧幕兵鎮撫のために出向いておる」

土方ら数人のほかに他の兵はいなかったが、疑われるのに充分だった。

「今囲まれると困る。うまく申し開きしてくるから大丈夫だ」

同行を求められると、勇はとめる土方にそう言って、越ヶ谷の政府軍陣所へ連行された。すでに内心、死を覚悟していたのかもしれない。勇は大久保大和の名でおし通していたが、近藤勇に似ているという者もいて、板橋の本営へ送られた。そこで出会ったのが高台寺党の一人であった加納道之助だ。

「近藤さん、しばらく」と声をかけられたとき、勇の顔色がさっと変わったという。

坂本龍馬の暗殺を新選組の仕業だと思いこんでいた土佐出身の香川敬三や谷守部《もりべ》（干《たて》

城《き》）が取調べにあたったのは、彼の不運だった。しかし処刑に反対する意見もあって、最終的には総督府に問い合わせ、身柄は京都へ送るようにとの指令が届いた。しかし、出発するという間際になって、斬刑が強行されたのである。

勇の逮捕は、反政府行動をこれ以上されては困ると思っていた勝海舟が、ひそかに所在を通報したのだという説も出されている。また薩摩藩士が処刑反対を唱えたのも、勝と西郷隆盛の話しあいで、江戸開城が進められているおりから、旧幕軍の強硬派を刺戟しては困るといった思惑によるとか、その死にも政治の駆引きがからんでいたとみなす人も少なくない。

取調べの間、板橋宿脇本陣の豊田家に幽閉されていた勇は、四月二十五日の朝、引き出され、板橋の刑場で斬首されることになる。

太刀取の役を命じられたのは、旗本岡田家の剣術師範をつとめていた横倉喜三次で、神道無念流の達人であった。

剣と人間像

孤軍援絶作俘囚　顧念君恩涙更流
一片丹衷能殉節　睢陽千古是吾儔

靡他今日復何言　取義捨生吾所尊
快受霊光三尺剣　只将一死報君恩

孤軍援絶《こぐんえんた》えて俘囚となる
かえりみて君恩を念《おも》えば涙更《さら》に流る
一片の丹衷《たんちゅう》よく節に殉ず
睢陽《すいよう》千古これ吾が儔《ともがら》

他に靡《なび》き今日また何をか言わん
義をとり生を捨つるは吾が尊ぶ所
快く受く霊光三尺の剣
ただ将《まさ》に一死をもって君恩に報いん

この辞世の詩は、勇が逮捕された翌日、料紙《りょうし》にしたためて懐に入れておいたものだ。板橋の本営へ行くまでは、他の同志やあとに残した兵たちのことを思って、できれば言い逃れて彼らの安全をはかりたい気持の方がつよかったが、近藤勇その人だと見破られてから は彼の心が決まった。考えれば義のためとはいえ、これまでにあまりにも多くの人を殺してきた。いさぎよく死ぬことは、それらの人々へのはなむけでもあろうと、勇は思っていた。

徳川の世が終った今、自分の剣を役立てる場所はもはや有り得ない、というあきらめもあったし、疲れてもいた。妻子に一目会いたいとも思ったが、それが許されない以上、嘆願してもかえって未練を残すことになる。豊田家には七歳になるトミという娘がいた。近く養女にゆくと聞いたが、その子の可憐な表情に、勇は自分の娘たまの面影をかさねていた。また日ごとに緑を濃くしてゆく屋外の樹々を眺めては、少年の日を過ごしたふるさと多摩の風景を思い浮かべていたかもしれない。

処刑の当日、妻のツネは、その後たまと結婚して近藤家を継ぐ甥の宮川勇五郎に、様子を見てくるようにとたのんだ。それ以前にも何度か見に行き、幽閉されている場所の見当はついていたが、はっきりしたことはわからなかった。勇五郎がその付近へ行ってみると、「今日は旗本が斬られる」という噂が耳に入ったので注意していた。そのうちに厳重に警護された山駕《やまかご》が出てきた。勇五郎はこうして勇の処刑を目撃することになる。

「……思ったよりは元気で、黒の紋付羽織に亀綾《かめあや》の袷《あわせ》、胸のあたりに網の目のように縄がかかっていたように思います。……

何か二言三言、傍の武士に話していましたが、少しすると大急ぎで人足らしい者が道具箱を下げて飛んで来て、其《その》首穴の前のところで、父は月代《さかやき》からひげを剃らせました。それが済むと『なが御厄介に相成った』という声がはっきり聞えました。刀を持って後ろに立っている首斬りの武士は、少し痩《や》せぎしな四十一二歳位の人で、父が、もとどりを自分でこう前の方へもち上げると、やがてぴかりとしたように思いましたが、私はここまで見て一目散に駈け出しました」

これは子母沢寛『新選組始末記』に収められた近藤勇五郎の談話の一部だが、三十四年の生涯を終えた勇の最期の模様が、ありありとよみとれる。

勇の首は塩漬にされて京都に送られ、三条河原その他で晒《さら》されたが、多数の見物人が集まったといわれる。遺族たちは首のない死体を掘り出して三鷹市大沢の龍源寺に埋めたそうだが、首の行方についてはさまざまな説が出されている。墓ははっきりしたもので五か所にあり、ほかにもいくつか伝承されている。これも勇の人気のあらわれであろう。

近藤勇は幕末動乱の時代に一貫して公武合体派の立場を貫き、徳川家に殉じた剣客である。新選組という武力集団は、その勇の思想や意識・性格・剣士としての能力などをつよく反映しており、勇を中心として結集された組織の威力が、時代にひとつの役割を果したのだった。新選組には勇のほかに、土方歳三や沖田総司、永倉新八等々、多くの剣の達人がいたが、それらが個人プレイでなく、集団行動に収斂《しゅうれん》されたところに特長がみられる。組織者としての実力は土方がもっていたが、勇が統率者の器《うつわ》を備えていたからこそ、彼らのまとまりが可能だったと思われる。そしてその統率力は、彼の剣に結びついているのではないだろうか。勇は剣の道を人格にたかめた人物の一人だったように思われる。

多摩の気風を受けつぎ、実用的な剣法である天然理心流を身につけた勇は、その精神の基底に、忠誠心、義侠心などといった日本古来の武士道意識を持っていた。義を重んじ、徳川家のために尽すといった勇の精神構造もそこから生まれている。幕末変動の際に、勇が公武合体策という一種の保守的折衷案を彼の論拠としたのも、勤王と徳川家への忠誠を、精神主義の意識から結びつけたためであろう。そして状況が不利になればなるほど、いったん歩みはじめた道を直進することになる。

新選組の象徴である「誠」の精神、尽忠報国の観念、きびしい隊規の根拠である「士道」の意識、それらはすべての彼の思想の具体化であり、鉄の規律もそれにもとづいている。現実面では血の粛清や多くの暗殺事件にみられる残忍非情さによって、恐れられ、憎まれはしたが、勇が人情を解する人だったことは、その書簡やいくつかのエピソードで知られている。迷いをもたない勇は、非難を恐れず謀略をも断行するが、それらは彼の人間性を損うものではないといえよう。新選組の武力の特長である勁《つよ》さと迅《はや》さ、集団プレイのみごとさに、彼の剣が生かされていると思う。

大衆はそうした彼の人間像に男のさわやかさを感じとり、徳川家に殉じた悲壮さにも同情して、近藤勇を歴史のヒーローとしたのである。

〔付記〕天然理心流については、小島資料館・小島政孝氏の著作を参考にさせていただいた。

この作品は、一九八五年に旺文社より単行本『日本の剣豪』全五巻として、八七年に旺文社文庫、九五年に福武文庫『日本剣豪列伝』全三巻として刊行されたものに、一部加筆訂正したものです。

人物日本剣豪伝〈五〉

二〇〇一年七月一九日［初版発行］

著者――八尋舜右ほか

発行者――光行淳子

発行所――株式会社学陽書房

東京都千代田区飯田橋一-九-三 〒一〇二-〇〇七二

〈営業部〉電話＝〇三-三二六一-一一一一

FAX＝〇三-五二一一-三三〇〇

〈編集部〉電話＝〇三-三二六一-一一一二

振替＝〇〇一七〇-四-八四二四〇

フォーマットデザイン――川畑博昭

印刷・製本――錦明印刷株式会社

© Fuyuji Domon 2001, Printed in Japan

乱丁・落丁は送料小社負担にてお取り替え致します。

定価はカバーに表示してあります。

ISBN4-313-75135-1 C0193

学陽書房人物文庫好評既刊

小説上杉鷹山〈上・下〉
童門冬二

灰の国はいかにして甦ったか！ 積年の財政危機に疲れ切った米沢十五万石を見事に甦らせた経営手腕とリーダーシップ。鷹山の信念の生涯を描くベストセラー小説待望の文庫化。

小説伊藤博文〈上・下〉
幕末青春児

童門冬二

幕末の変動期に高杉晋作、桂小五郎、吉田松陰らとの出会いによって自分を大きく変身させていった若き日の伊藤俊輔と幕末の青春児たちのパワーをいきいきと描く。

渋沢栄一
人間の礎

童門冬二

「経済と人の道」「ソロバンと論語」の一致を説いた明治の大実業家・渋沢栄一。日本経済の確立者・指導者の怒濤の生涯と経済の面から幕末維新を描いた稀有な小説。

長宗我部元親
宮地佐一郎

群雄割拠の戦国期、土佐から出て四国全土を平定し、全国統一の野望を抱いた悲運の武将の生涯を格調高く綴る史伝に、直木賞候補作となった『闘鶏絵図』など三編を併録する。

板垣退助〈上・下〉
孤雲去りて

三好　徹

戊辰戦争における卓越した軍略家板垣退助が、なにゆえ民衆の中に身を挺していったのか。功名を求めめず、人間の真実を求めつづけた智謀の人の自由民権運動に賭けた心情と行動を描く。

学陽書房 人物文庫 好評既刊

徳川慶喜　三好　徹

家康の再来か、二心の人か！　さまざまな策謀と人心の離合集散をつぶさに凝視しつつ、水戸家の伝統である尊王と幕府存続を賭けて戦った最後の将軍慶喜の生涯をつづった書き下ろし傑作小説。

土方歳三〈上・下〉　戦士の賦　三好　徹

新選組の結成から、組織づくり、池田屋襲撃、戊辰戦争へと続くわずか六年の間の転変。男たちが生き、そして戦い抜いた時代の意地と心意気とあるべき姿を描く。

沖田総司〈上・下〉　六月は真紅の薔薇　三好　徹

十九歳で代稽古を務め、浪士隊応募から新選組結成へ。幕末の京にあって殺戮の嵐の中に身を投じて行く若き天才剣士沖田総司の生き方と激流の時代の人間の哀しみを見つめた傑作小説。

桐野利秋〈上・下〉　青雲を行く　三好　徹

西南戦争は果たして「桐野の戦争」だったのか？人斬り半次郎と異名をとった若き日の維新に賭けた情熱。西郷隆盛と共に青雲の志に生きた桐野利秋の颯爽たる生涯を新しい視点で描く意欲作。

大江卓　叛骨の人　三好　徹

維新という時代にはやくも人間の権利を主張し、弱い者の立場を守ろうとした土佐の叛骨漢・大江卓。大勢順応の生き方を嫌い、己の信念を貫き通した彼の人間としての魅力に迫る。

学陽書房人物文庫好評既刊

坂本竜馬
豊田 穣
激動の時代状況にあって、なにものにもとらわれない現実感覚で大きく自己を開眼させ、海援隊の創設、薩長連合など、雄飛と自由奔放な生き方を貫いた海国日本の快男児坂本竜馬の青春像。

竜馬伝説を追え
中村彰彦
明治を目前にしながら、京都・近江屋に斃れた坂本竜馬。諸説入り混じる暗殺の黒幕は一体誰か？様々な資料を検証し、隠された真相に鋭く迫る異色の長編歴史ミステリー。

西郷隆盛
安藤英男
徳川幕府を倒し、江戸城を無血開城させた将に将たるの大器。道義国家の建設と仁愛にもとずく政治をめざした無私無欲の人西郷の、「敬天愛人」の理想に貫かれた生涯。

小説福沢諭吉
大下英治
身分差別に反撥し、刀ではなく知力によって幕末動乱の時代を切り拓き、西洋事情の吸収と紹介を通して日本人の独立心と人材育成に情熱を燃やした福沢諭吉の人間像。

幕末維新列伝
綱淵謙錠
坂本龍馬、勝海舟、大久保利通、福沢諭吉……。幕藩体制はどのような経緯と先人たちの努力によって近代国家に生まれ変わったのか？英傑たちを描く史伝文学。『人物列伝幕末維新史』改題。

学陽書房 人物文庫 好評既刊

鬼が来た〈上・下〉
棟方志功伝

長部日出雄

「世界のムナカタ」はどのようにして誕生したのか。人間志功に接近するとともに、その時代と芸術の世界を鮮やかに描き出してゆく。同郷の作者が魂込めて描いた芸術選奨文部大臣賞受賞の傑作。

そろばん武士道

大島昌宏

天保リストラ物語！　歳入の八十年分もの負債を抱えた越前大野藩を藩直営店、蝦夷地開拓など斬新な改革を断行して再建した経済武士・内山七郎右衛門良休の生涯を描く著者渾身の長編。

日本創業者列伝
企業立国を築いた男たち

加来耕三

岩崎弥太郎、渋沢栄一、安田善次郎、浅野総一郎…。創業者たちの苦闘の軌跡を歴史のダイナミズムの中で捉え、手本無き大変革期のいま求められる「創業者精神」を問い直す著者渾身の力作！

雪古九谷

高田　宏

なぜ雪深い九谷で名品が？　江戸初期の短期間、加賀国大聖寺藩で制作され、世界美術史上の名作を残した謎の彩色磁器「古九谷焼」に情熱を傾けた人びとの真実の姿に迫る長編小説。

小石川御家人物語

氏家幹人

就職、結婚、転勤、家計、健康法、不倫…。二九年間書き続けられた幕臣・小野直賢の日記をもとに、江戸時代の〝サラリーマン〟御家人たちの悲喜こもごもの日常生活のドラマを活写する。

学陽書房人物文庫好評既刊

加藤清正〈全七巻〉　村上元三

主君秀吉の天下を制した賤ヶ岳の戦いから、大坂築城、九州攻めへ。清正の華々しい活躍とその勇猛さを支えたやさしさと人間愛。母と子、妻、家臣、主君との情愛の中に描かれる智と情の勇将一代記。

水戸光圀〈全三巻〉　村上元三

型破りの名君光圀の若き日の魅力に満ちた行状と、綱吉の生類憐みの令に真向から反対した反骨、大日本史の編さん、領内巡遊など、知と情愛にあふれた人間像を史実をもとに描いた感動作。

平賀源内〈上・下〉　村上元三

讃岐高松藩の微禄の士であった平賀源内は、長崎で本草学を研究、江戸へ出て、田沼意次の支援を得る。エレキテルの復原や鉱山開発のほか、浄瑠璃や戯作、絵…。マルチ人間源内の数奇の生涯を描く。

岩崎弥太郎〈上・下〉　村上元三

土佐の地下浪人の子に生まれた弥太郎は、土佐商会を担い、長崎・大坂で内外の商人たちと競い合う中で事業の才を磨いていく。一大変革期を自己の商法に取り込み、三菱財閥を築いた男の生涯。

小説立花宗茂〈上・下〉　童門冬二

なぜ、これほどまでに家臣や領民たちに慕われたのだろうか。義を立て、信と誠意を貫いた戦国武将の稀有にして爽快な生涯を通して日本的美風の確かさを描く話題作、待望の文庫化。

学陽書房 人物文庫 好評発売中

戸川猪佐武 小説 吉田学校 全八巻

第一部 保守本流
第二部 党人山脈
第三部 角福火山
第四部 金脈政変
第五部 保守新流
第六部 田中軍団
第七部 四十日戦争
第八部 保守回生

宰相吉田茂によって「明治国家」は「戦後国家」へと転生を遂げる。吉田の政治哲学とは？

自由・民主の保守大合同により、野望に満ちた「政党政治の時代」の幕が切って落とされる。

田中幹事長は組閣人事の福田偏重傾向に対し対決の肚を固め、総裁公選への体勢作りを開始。

田中金脈問題発覚。七夕参議院選挙の惨敗。対決の姿勢を強める大平と三福連合。

田中角栄逮捕。ロッキード徹底解明をもくろむ三木の前に派閥力学の原理は非情だった。

自民党総裁公選。政界、マスコミは福田有利を予測。予想を裏切った大平総裁誕生の真相。

衆議院選挙自民党惨敗。大平の官僚的驕りに国民の審判が下る。退陣を迫る三木。

大平首相死す。大平の〝弔い合戦〟を合言葉に衆参両院同時選挙で自民党が大勝。派閥抗争が激化して行く。

人物日本剣豪伝

全五巻完結　〈人物文庫〉

〈一〉　戸部新十郎ほか著
上泉伊勢守、塚原卜伝、伊藤一刀斎ほか

〈二〉　童門冬二ほか著
小野次郎右衛門、宮本武蔵、柳生十兵衛ほか

〈三〉　伊藤桂一ほか著
荒木又右衛門、柳生連也斎、針谷夕雲ほか

〈四〉　早乙女貢ほか著
千葉周作、島田虎之助、斎藤弥九郎ほか

〈五〉　八尋舜右ほか著
伊庭八郎、近藤勇、山岡鉄舟、坂本龍馬ほか